BCG

ボストン コンサルティング グループ
保険グループ [著]
Boston Consulting Group

デジタル革命時代における保険会社経営

一般社団法人 金融財政事情研究会

序章

　近年のデジタルテクノロジーの急速な進展は、業界を問わず、さまざまなビジネスのあり方に大きな変革を促すインパクトを与えている。UI（ユーザーインターフェース）の高度化に伴う顧客接点の拡大と深化、AI（人工知能）やRPA（ロボティックプロセスオートメーション）などによる人間の作業や判断の代替、VR（仮想現実）やAR（拡張現実）、MR（複合現実）の実現を通じた多様なサービス提供の革新――これらを通じ、デジタル化はビジネスに対してこれまでの前提条件が覆るほどの影響を与えるだろう。

　保険業界にデジタルテクノロジーがもたらす影響はひときわ大きく、保険ビジネスのあり方を根本から変える可能性がある。

　不確実性が高いなかで中長期的な戦略の方向性を検討するアプローチとして「シナリオプランニング」という手法がある。この手法の活用方法については本文でも紹介するが、たとえば「203X年」など、未来の1時点を切り取り、その時点で世の中や事業環境がどうなっているかをイメージしたシナリオを複数つくり、それぞれのシナリオに応じた戦略の方向性を導出する、というものだ。ボストン コンサルティング グループ（BCG）は、数々のグローバル保険企業の経営層とこうした議論をしているが、そのなかで中長期的に最も大きな影響を与える変化のドライバーと認識されているのがデジタルテクノロジーである。

　203X年の世界で、デジタルテクノロジーは保険業をどう変化させているのだろうか。モバイル端末はもちろん、家電や住宅機器などあらゆるデバイスがインターネットでつながっているかもしれない。生活、健康、移動、すべての領域のデータの取得が可能になり、保険会社がこれをうまく活用できれば、ヘルスケアやセキュリティのレベルを向上させ、個人にあわせたリスクマネジメントサービスをユーザーに提供できるようになる。結果、保険会

社とユーザーは長期的・継続的な顧客関係を構築できるはずだ。保険会社が総合的なサービスプロバイダーとなり、生活にまつわるあらゆる相談事の窓口になる、という可能性もある。

個人のデータを集約できるようになれば、従来の商品区分を超えて保険商品の提供形態が大きく変容する可能性もある。統合的に収集、分析された契約者データに基づき、ヒトに帰属するリスクをすべて網羅する商品を提供することが求められるかもしれない。そのような世界では、保険会社は、事故や病気など、マイナスの事態が起こってしまった際の損失をゼロにするだけでなく、マイナスの事態そのものを抑止するソリューションパートナーのような存在になることが求められるのではないか。そうなれば、これを事業機会ととらえ、テクノロジーに強みをもつ、まったくの異業種プレーヤーが参入をもくろむかもしれない。

203X年の世界といったんは示したものの、それが本当のところ、どのタイミングで起きるか明確に予測することはできない。そもそも、非連続的変化が起こる確率がいっそう高まっているところにデジタル化のトレンドが加わり、異業種からの参入等も含めた競争環境は複雑性を増している。

保険会社はもともと、許容できるリスクを読み取ることを生業としているが、このような不確実性が高い状況では、これまでの延長線上のやり方は通用しない。デジタル時代の保険会社には、新しい経営の見取図と、変化に柔軟に対応するための、従来にはなかった新しいケイパビリティ（組織能力）が求められる。これらをどう身につけられるかが、中長期的な保険会社の競合優位性を決定付ける。この問題意識が本書の執筆の動機だ。

いずれの保険会社も例外なく、デジタルを自社の戦略の中核と位置づけ、デジタルを軸とした全社的改革を推進することが求められている。グローバルに展開する保険会社のなかには、すでにデジタル技術を取り入れて「自ら攻める」戦略をとる企業もある。新興のデジタル企業に対抗するため、また自社ビジネスを守るため、自ら破壊的（ディスラプティブ）ともいえるイノベーションを生み出し、業界構造を変えようとしている。

ドイツ最大の保険会社であり、ヨーロッパで圧倒的な存在感をもつアリアンツは保険業界のデジタル化におけるフロントランナーだ。経営トップのイニシアティブのもと、デジタル化の推進組織を立ち上げた。有望なデジタル化のアイデアに資金を提供し、技術開発や起業を支援するというものである。ドイツ本国はもちろん、子会社を置く周辺国においても実験的な取組みを行っているのが同社の特徴だ。

　フランスに本拠を置く世界的な保険プレーヤーであるアクサも、デジタル化において先行している保険会社の1つだ。数年前に「全社でデジタル化を推進する」と決定し、本部で数百人規模、数千万ドルの予算を確保した。シリコンバレーにビッグデータ専門のラボを立ち上げてもいる。世界各地の子会社に横串を通すかたちでデジタル化を推進、そこで生まれた知見を本部に還流させている。

　日本国内でも、大手生損保がデジタル化への相当額の投資を進めている。しかし、現在のところ部分的な変革、漸次的な改善というべき段階にある企業も多いと思われる。この流れを、自社全体に拡大するにはどうしたらよいか。その答えの1つが「デジタルトランスフォーメーション」である。

　デジタルトランスフォーメーションは、デジタルを軸に網羅的、包括的に構造改革を行うプログラムだ。BCGが実際に支援するデジタルトランスフォーメーションの例では、図表0－1に示したような枠組みをもとに、企業の状況と目指す姿にあわせ、複数のプロジェクトにより構成されたプログラムを進めていく。

　本書では、このデジタルトランスフォーメーションの流れと、取組みを進めるなかで検討すべきことについて紹介していきたい。1章では、デジタル化した世界を具体的にイメージするなどして、デジタル戦略を構築しロードマップのかたちにまとめるまでの流れを紹介する。この際理解しておくべきなのが、まず、顧客がどう変化しているのか（2章）、そして、図表0－1の「商品／サービス・ビジネスモデルの革新」「チャネル・顧客接点の革新」「オペレーションの革新」という3つの柱となる領域でどのような取組みを

図表0−1 デジタルトランスフォーメーションの枠組み

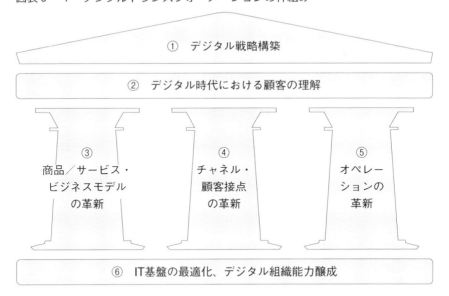

行うべきかということだ。

　3章で紹介する商品／サービス・ビジネスモデルの革新は、最も大きなインパクトが見込める領域だ。保険会社はすでに精度の高いリスク評価の仕組みを構築しているが、いままでのデータのもち方では日々の顧客の動きを捕捉することはむずかしかった。ソーシャルメディアやGPSなどからの、いままで活用してこなかったデータを使えば、さらにリスク評価能力を高められる可能性がある。

　チャネル・顧客接点の革新は、現時点で最も緊急性が高い分野だ。4章で詳述するが、ここではきっかけとなる出来事、「トリガーイベント」から、すべての手続が終わるまで顧客が何を考え、どう動いたかに着目する「カスタマージャーニー」という視点で改革を進める必要がある。

　顧客接点の領域で最も手をつけやすいのは、デジタル営業端末を活用して募集人の生産性向上を目指すアプローチであろう。既存の営業チャネルを最大限活用するのみならず、その他の顧客へのアプローチ手段をどう組み合わ

せ、多層化していくか、という課題に取り組む保険会社も多い。カスタマージャーニーという視点から、顧客とのやりとり全体を見直している企業もある。こうした取組みを行ったプロジェクトの事例についても4章で触れる。

5章で触れるオペレーションの革新は、すでに多くの保険会社が取り組んでいる分野だ。現状の取組みの延長として、事務プロセスの合理化やコスト削減を目指すことに加え、AIやRPAの活用など1歩踏み込んだ効率化が検討課題となる。

また、活動のベースとなるIT基盤やIT部門の組織能力、開発のやり方もデジタル時代の要請にあわせて変えていく必要がある。これについては6章で解説する。

BCGは、これまで世界各国で保険会社を含めさまざまな業種の企業のデジタルトランスフォーメーションの支援を実施してきた。デジタルのもたらす変革はとどまるところを知らず、既存のプレーヤーにとってこの改革は大きな痛みを伴うものであるのもまた事実である。保険業界の関係者の方々におかれては、デジタルを制する者が保険業の将来を制するとの気概のもと、変革を恐れることなく、脅威を機会としてとらえてほしい。本書が、特に将来の保険会社の経営に携わる若い世代の方々にとっての変革の道しるべになればと願っている。

2018年3月

ボストン コンサルティング グループ
保険グループ

目　次

1章　デジタル技術で何が変わるか：デジタル戦略の策定

203X年、東京 2
デジタル化で変わる産業構造 5
業界構造の変化：スタック化 6
デジタル戦略を策定する 10
　戦略策定の枠組みの例：
　シナリオプランニングを使った議論で戦略を突き詰める 11
デジタルトランスフォーメーションプロジェクトの実際
──BCGによる支援の例 13
　トランスフォーメーションプログラムのスタート
　──施策の見える化とアイデア出し 15
　Digital Acceleration Index（DAI）で自社の立ち位置を確認 ... 22
　施策優先順位づけとロードマップへの落し込み 26
　プログラムを全社に展開 28
　【コラム】プログラムマネジメント 29

2章　デジタル時代における顧客の理解

日本人の「保険好き」 32
市場をみる目：脱平均 34
保険加入者の変化──「賢い」顧客の出現 36
デジタル時代の顧客の潜在ニーズをつかむ 41
　【コラム】市場調査（アンケート・インタビュー）のテクニック ... 47

3 章　商品／サービス・ビジネスモデルの革新

生命保険の商品・サービス領域では何が起きるか ……………………… 50
　医療・健康データを活用した新商品開発 ……………………………… 51
　外部データを活用した新商品・サービスの開発 ……………………… 56
　外部サービスを活用した契約者向けプログラムの開発 ……………… 58
自動車保険・火災保険におけるデータ活用の方向性 …………………… 59
　自動車保険 ……………………………………………………………… 59
　火災保険 ………………………………………………………………… 60
アライアンスを活用し、分析技術向上に向けた布石を打つ …………… 62
　アライアンスの活用 …………………………………………………… 62
　データ分析技術の向上 ………………………………………………… 64
　　【コラム】　商品戦略のトレードオフ ……………………………… 68

4 章　チャネル・顧客接点の革新

顧客接点の変化：マルチチャネル／オムニチャネル …………………… 73
既存営業チャネルの再構築：営業端末をどうレバレッジするか ……… 77
　活動の量（①） …………………………………………………………… 78
　ターゲットの選択と集中（②） ………………………………………… 78
　営業活動の質（③） ……………………………………………………… 80
　自社の営業モデルを確立し、営業端末の位置づけを明確にする …… 81
カスタマージャーニーを基点とするデジタル化 ………………………… 82
　BCGにおけるカスタマージャーニー基点のデジタル化プロジェクトの例 ……………………………………………………………………… 85
　カスタマージャーニー基点のデジタル化のメリット ………………… 88
　カスタマージャーニー再考の5つのポイント ………………………… 89
今後のシナリオ ……………………………………………………………… 90

【コラム】 セグメンテーションのテクニック ………………………………… 91

5 章　オペレーションの革新

日本の保険事務の非効率性の背景 …………………………………………… 95
　日本の消費者が求めるサービス品質への過剰適応 ……………………… 95
　規制への過剰対応 …………………………………………………………… 95
事務オペレーション改革におけるチャレンジ ……………………………… 96
デジタルを活用した事務オペレーションの改革 …………………………… 97
業務の整流化 …………………………………………………………………… 98
　① 業務設計の最適化 ……………………………………………………… 98
　② 事務パフォーマンスの「見える化」………………………………… 100
AI／RPAを活用した事務オペレーションの自動化 ……………………… 102
　AI実用化の時代 …………………………………………………………… 103
　AI／RPAの活用 …………………………………………………………… 105
　保険においてAI活用が可能な領域 …………………………………… 105
　AI／RPAを活用した事務効率化の進め方 …………………………… 111
　優先順位を決める ………………………………………………………… 112
　【コラム特別編】 保険と規制とデジタル ……………………………… 115

6 章　IT基盤の最適化、デジタル組織能力醸成

拡大する「IT」の概念：保険会社のIT基盤 ……………………………… 118
新たなITアーキテクチャ構築：迅速に実行する ………………………… 123
　何を使うか ………………………………………………………………… 123
　実行に向けた道すじ ……………………………………………………… 124
デジタルトランスフォーメーションに向けた組織能力向上 …………… 127

  トランスフォーメーションを推進するには、具体的にどのような組織能力が必要か ……………………………………………………… 128
  目標の実現のためには組織能力をどの程度引き上げる必要があるか … 129
  どうすれば組織能力を向上できるか ………………………………… 130
 アジャイルの導入：開発の新たなあり方、そして新たな働き方 ……… 137
  持続的に改良を重ねる ………………………………………………… 141
   【コラム】 プロセスマップの描き方 …………………………… 146

あとがき ……………………………………………………………………… 148

デジタル技術で何が変わるか：
デジタル戦略の策定

本書では、デジタルトランスフォーメーションの流れと、実際に進めていくうえで検討すべきことを解説していくが、本題に入る前に、デジタル化により消費者の生活がどう変わり、それに伴い産業にどのような構造変化が起きているのか、について考えてみたい。

203X年、東京

　10年、20年といったタイムスパンで考えたとき、デジタル化は消費者の生活にどのような変化をもたらすのか。2030年代の会社員、ミサキさんの生活を紹介したい（図表１－１）。ミサキさんは2000年代生まれ。同じく会社員の夫と５歳の娘と３人で、東京郊外に暮らしている。

　ミサキさんの朝は、ウェアラブル機器の振動で始まる。ミサキさんの睡眠のリズムを把握し、スムーズに目が覚める時間に振動して知らせてくれる。時刻は６時15分。いつもより早い時間に起こされた。ウェアラブル機器をみると、ここ数日の運動不足についてのアラートが表示されている。久しぶりに近くの公園を走ることにした。どの程度走るかは、その日の体調からウェアラブル機器が勧めてくれる。久々のランニングなので、走っている途中、心拍が上がってしまう。機器からペースを緩めるようアラートがくる。

　通勤は車で15分ほど。自分で運転はしない。車が出勤時間にあわせてエンジンを温め、エアコンの調整をし、娘の保育園経由でオフィスへと送ってくれるのだ。ルートはその日の周辺で行われるイベント等の情報や道の混み具合をもとに設定される。ミサキさんを送った後、クルマは自動運転で自宅に帰る。

　ミサキさんは会社が契約しているシェアオフィスで仕事をすることが多い。多くの企業が共同で利用しているこのシェアオフィスは景色も良く、設備やネットワーク環境も申し分ない。自宅で勤務することもあるが、ミサキさんはこのオフィスの執務環境が気に入っている。ミサキさんが所属する企画部門では、自宅もしくはこうしたオフィスで働く人も少なくなく、部署の全員が一堂に会するのは週に１度程度だ。

図表1-1 203X年の消費者生活のイメージ

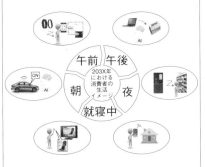

本人にあったレストラン・メニューをリコメンド
- 運動をウェアラブル機器が測定、スケジューラーと連動して、1日のカロリーをシミュレーション
- 好みと位置情報も加味して、ウェアラブル機器がオススメ

仕分け、意思決定、査定をAIに任せ、企画仕事にフォーカス、調べものもAIが支援
- 定型業務は機械が自動で読み込み、データをチェックし、処理し、最終チェック待ちに
- チェックも過去事例をもとに別のAIエンジンがレビュー

安全・快適が自動調整された車で通勤
- 出勤時間にあわせ、エンジンを温め、エアコンを調整。その日のイベント・混み具合をもとにルートを設定
- 視野の外の危険因子を自動アラート

夕食の買いものは、ピックアップのみに
- オフィス最寄り駅に入ると、スーパーから冷蔵庫の食材を加味したレコメンドが届く
- 車中で発注すると、自宅最寄りコンビニで商品をピックアップ可能

視線・行動をもとに、商品を自動でプロモーション
- テレビが自動で視線を検知、動作をもとに、モバイルにプロモーションを送信
- もっているものとの性能比較を提示、ワンクリックで購入

週末や夏休みの過ごし方の提案や車の買替え等を家族と相談
- 勤務先、家族構成、行動パターン（スケジュールや趣味、周辺での流行等）、資産状況をもとに、興味をもちそうな情報を抽出

（出所）　BCG調査

　午前中の仕事は半年後のイベントに向けての企画書の作成である。必要な資料やデータを集めるよう、昨日のうちにAIに指示を出してあった。複数のテーマ・場所の候補を選択し、それぞれどの程度の集客が見込めるか、集計もさせてある。シミュレーションの結果をみて最も大きな集客が見込めそうな場所、テーマを選び、詳しい内容やだれに講演を依頼するかを検討し、企画案ができあがる。上司に相談するための資料を作成していると、ウェア

ラブル機器に血糖値の低下を示すアラートが表示された。ちょうどお昼時である。

ミサキさんは席を立って、スマートフォンの表示を確認する。その日のスケジュールや体調、運動量、嗜好をもとに近隣の飲食店や弁当屋のメニューがピックアップされている。ミサキさんは数週間前に開店したエスニック料理店を選んだ。朝ランニングをしたので比較的高カロリーのメニューでも許容範囲であるようだ。

仕事が終わる頃を見計らって、車が迎えにきてくれる。車に乗り込むと、スマートフォンにスーパーからのお知らせが表示された。毎日15時の時点で、冷蔵庫が自動的になかにある食材をリストアップしてスーパーに送信してくれる。スーパーから冷蔵庫の中身にあわせたメニューの提案と、追加で購入する品の候補が送信されるのだ。その日の提案メニューは家族の好みや今日の気分にあっていたのでそのまま発注し、自宅の最寄りのコンビニで受け取る手配をする。娘を迎えに行き、買ったものをコンビニでピックアップして帰宅する。

夫も帰宅し、食後はテレビを楽しむ。ミサキさんはロボット掃除機を買い替えたいと考えていて、ここ数日スマートフォン等で掃除機について検索していたので、テレビにも掃除機の広告が頻繁に流れてくる。広告でいままで聞いたことがなかったベトナムのメーカーV社から、非常にコンパクトなロボット掃除機が発売されたことを知る。スマートフォンに「V社のロボット掃除機」と音声入力してみると、いま使っている掃除機との機能比較が表示された。

娘が就寝すると、夫と夏休みの計画について話し合う。ミサキさんは子どもが喜ぶプール付き、温泉付きの宿が良いと思っており、夫は子どもとともに、自然の雄大さを感じられる場所に行きたいという希望をもっていた。2人の希望や予算・2人の仕事上のスケジュールと、娘の保育園の行事、習いごとの予定などから、AIが海外も含めいくつかのプランをあげてくれる。今年はあまり遠くへは行きたくないので、8月に比較的近場の高原地帯に行

くことにして、申込みをすませる。

　保険会社からのアラートで、8月の保険料が少し上昇する可能性があることが知らされる。実は、ミサキさんの保険契約は家族のリスクをすべてカバーするプランになっており、スケジューラーやGPSを通じて、一家の行動を捕捉し、その月に予定されている行動により、月々の保険料が変わるようになっている——。

デジタル化で変わる産業構造

　このような未来が現実になるかどうかはわからない。だが、デジタル化の進行により、消費者の生活が変化し、産業構造にも大きな影響を与えているのは事実だ。

　デジタル化による市場構造変化の波が到達するスピードは産業により大きく異なる。現在のところ、デジタル化の影響が直撃しているのは、アマゾンやネットフリックスといった企業が、バリューチェーンや業界勢力図を大きく書き換えたメディアや小売のような業界である。ネット通販がシェアを拡大し、店舗を構える小売企業のなかには撤退を余儀なくされたプレーヤーも少なくない。一方で、エネルギー、ヘルスケアなどの業界では、現段階ではデジタル化による変化は限定的だといえる。

　保険業は、顧客接点が重要な業界でありながら、規制産業であるため大きな変革、イノベーションが入り込む余地が少ないといわれてきた。レガシーと呼ばれる巨大なITシステムの存在もある。だが、ここにきて、業界を根本から揺るがす大きな波がやってきている。デジタル技術を応用した新たな金融サービス、いわゆるフィンテック、インステックの創業がアメリカ、イギリスを中心とするベンチャーの世界で1つの大きな流れとなっていることだ。大手保険会社のなかにも、ファンドを設定してベンチャー投資をする動きがある。

　インステック分野では、24時間365日、いつでも医師に電話で症状の相談ができるなど、革新的なサービスで知られる医療保険のオスカーや、「乗っ

た分だけ」課金される自動車保険のメトロマイル、チャットを通じて簡単に家財保険に加入できるレモネードなどが例としてあげられる。いずれもこれまでにない商品、直観的に理解できるユーザーインターフェースを強みとしているが、いまのところ市場全体で大きなシェアを獲得するには至っていない。だが、こうしたベンチャーのなかからアマゾンやネットフリックスのような、業界を根こそぎ変えるディスラプター（破壊者）となる企業が出てくる可能性もある。

業界構造の変化：スタック化

　デジタル化の波は保険業界の構造にどのような変化をもたらすのか。これまで保険会社の事業構造は、基本的に商品の製造から販売まで一気通貫で展開するモデルだった。生命保険会社は商品開発部門で商品を開発し、自社の営業チャネルなどを通じて顧客に届ける。契約締結以降も、保全や支払といった業務ではコールセンターなどの自前チャネルが長期にわたってサービスを提供していく。損害保険会社についても同様だ。自社で開発した商品を、代理店などを通じて顧客に提供する。事故が起こったときの支払などは損害サービス部門が担う。事業のほぼすべてが、自社を中心に組織化された企業群により運営されていた。

　この背景には、業界内の競争がバリューチェーンの広さや深さを競う戦いだったことがある。自社のバリューチェーンをできる限り拡大して、情報の非対称性に起因する取引コストを抑え、スケールメリットを得ることが成功のカギだったのだ。市場を少数の企業で寡占することが利益の最大化につながった。

　しかし、テクノロジーの進展により情報の非対称性は薄れている。まず、コミュニケーションコストが低下している。SNSやネットを通じたデジタルマーケティングにより広く消費者にアクセスできるようになり、従来型メディアに巨額のマーケティング投資を行う必要性は低くなっている。また、消費者やベンチャー企業が従来大企業が独占していた情報にアクセスできる

ようになり、新興のインステック企業であっても競争力の高い商品を開発するために十分な情報を得られる。また、顧客接点における優位性は、「支社や営業所の数」から「デジタルインターフェースの使いやすさや魅力」へと移行しつつある。同時に、ITの分野でもクラウドコンピューティングなど規模の経済に革命をもたらす動きも活発化し、データやストレージに巨額な投資ができることは以前ほど大きな強みとはいえなくなってきている。寡占型業界構造を支えてきた優位性は薄れ、幅広い産業でバリューチェーンの組替えと、業界構造の「スタック化」が進むと私たちは考えている（図表1－2）。

　スタック化とは、業界の競合構造が、縦のバリューチェーンをベースとする構造から、横のレイヤーをベースとする構造に移行していくことを示す。コンピュータ産業は、20年かけてバリューチェーン型業界構造からスタック型業界構造へと明確に変化してきた。20年前はメインフレーム型コンピュータが主流で、IBMを中心としたバリューチェーン型の業界構造がみられたが、現在は主な製品もPCに取ってかわり、CPUではインテル、OSではマイ

図表1－2　金融の事業モデルの変化

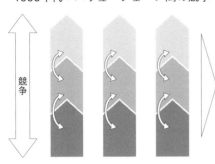

1990年代：バリューチェーン間の競争

バリューチェーンの垂直統合が成功のカギ

（出所）　BCG分析

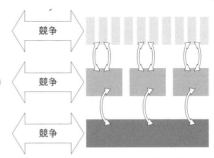

将来：スタック間の競争・協働

デジタル／フィンテックによりバリューチェーンの分解・組替えが起こる

特定の機能・領域の尖りが成功のカギに

クロソフトが大きなシェアを占めるなど、寡占化されているレイヤーはあるものの、ハードウェアやアプリケーションのレイヤーは分散化している。

図表1－3は保険業界のスタックを模式的に示したものだ。スタック構造の最上層には、消費者、専門家、ベンチャー企業などからなり、製品やサービスの開発を推進する「ユーザーコミュニティ」のレイヤーがある。このレイヤーにつながるレイヤーが、代理店、コールセンター、アプリなど、顧客接点のレイヤーだ。その下に商品／サービスなどのレイヤー、下層には基幹系システムや業界全体を支えるインフラが位置する。

図表1－3　スタックによる保険事業の概念図

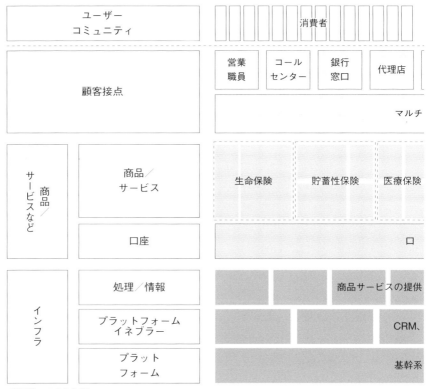

（出所）　BCG分析

スタックをベースとした業界構造では、レイヤーごとに異なる種類の競争・協働が起きる。保険業界であれば、顧客接点のレイヤーでは顧客との結びつきの強い小売・交通・通信等の他業界プレーヤーが脅威となるが、うまく協働していく道を探ることもできるだろう。また、商品／サービスのレイヤーでは、まったく新たな付加価値をもつ新興のインステック企業の脅威が深刻となる。最下層のレイヤーでは、新興プレーヤーに新たなIT基盤を提供するインキュベーターなどが台頭すると考えられる。

　既存の保険企業には、自社が独占的な地位を占めていないレイヤーでは勝

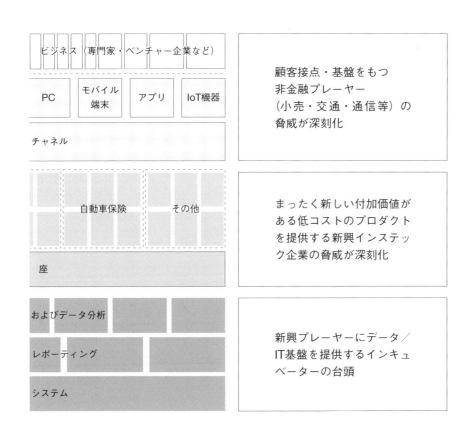

者と手を組む、という柔軟性が求められる。たとえば、顧客接点のレイヤーでは大手小売と協働し、商品／サービスのレイヤーでは医療保険分野のオスカーや、ピア・ツー・ピア保険を提供する企業などと戦い、インフラのレイヤーでは業界全体のプラットフォームの確立に向け、大手数社でコンソーシアムを組む、といった動きがそれぞれのレイヤーで起こってくる、という状況となる。

デジタル戦略を策定する

　こうした環境では、垂直統合型ビジネスモデルを前提とした、これまでの延長線上の戦略を描いていては、競争優位を築くことはむずかしい。見方を変えれば、「デジタルトランスフォーメーション」とは、スタック間の競争・協働で勝ち抜くため、デジタルの力で、ビジネスモデル変革を含めた全社改革を実現することといえる。特定のスタックに焦点をあわせて投資を行う、提携などによりエコシステムをつくりあげる、といったさまざまな方向性が考えられるだろう。

　デジタルトランスフォーメーションの第一歩は、まず、どのデジタル技術をどのように使い、自社のどのような強みをベースに、どのようなビジネスモデルで戦っていくかを考えること、つまりデジタル戦略の策定だ。

　デジタル戦略の策定においては、デジタルトランスフォーメーションの柱となる３つの領域のうち、何に、どのような順番で、どの水準で、どのような時間軸で、取り組んでいくかを検討することになる。顧客の動きや感じ方を徹底的に研究し、シームレスな顧客接点を構築することで、顧客体験を高度化しようとする企業もあれば、先端技術を活用して商品やサービスを進化させる取組みに注力する企業もあるだろう。一方で、商品・サービスの進化、顧客接点、オペレーションという３つの要素を有機的に連携させて、既存の事業領域を超えた新たなビジネスモデルを構築しつつ、インフラ面にも手を入れていく、という全社的なトランスフォーメーションを選ぶ企業もある。企業は自社の置かれた環境と強みに応じた、戦略的にユニークな解を導

出するべきだ。

戦略策定の枠組みの例：
シナリオプランニングを使った議論で戦略を突き詰める

　デジタル戦略策定においては、なんらかのかたちで事業環境の長期的な変化について具体的にイメージできたほうが、打ち手につながる議論ができる。BCGが支援するケースでは、冒頭で紹介したような10年、20年という長期スパンで起こりうるシナリオを複数つくり、それぞれが現実化した場合、何が機会となり、何が脅威となるかを検討することを通じて自社の戦略を突き詰めていく、という手法を使うことが多い。これは、「ありえない（想定外）」をありえないで片付けるのではなく、「仮にありえないとしても、起こった場合の影響を考える」エクササイズであり、不確実性のなかで意思決定の質を上げるうえで有効なアプローチである。

　では、こうしたシナリオはどうつくるのか。スタートは、業界に大きな影響を与えるメガトレンド、すなわち要素ドライバーを特定することである（図表1－4）。BCGでは、100項目近いメガトレンドをデータベース化して継続的にアップデートしている。なかでも保険業と関連が深い要素ドライバーとしては、①人口動態・社会構造（人口の増減、世代間のシフト等）、②技術進展（インターネット、デジタルの普及等）、③経済環境（個人貯蓄、企業投資、社会インフラ等）、④政治環境・規制変化（医療保障、社会福祉）等があげられる（図表1－5）。②の技術のトレンドについては特に詳しく検討する必要があるだろう。現在であればデータ活用技術の先進化、ウェアラブル機器の普及、ドローンの活用、クラウド、AI／RPA、iPS細胞、ゲノム解析、クローン技術、3Dプリンタ、自動運転などが主要なトレンドとしてあげられる。図表1－6に10の主要技術トレンドと、その動向をふまえた考えうる機会の例を示した。

　こういったメガトレンドが業界に与えるインパクトを定量的に把握したら、次に、自社の事業にとって重要なトレンドを絞り込む。一般的には一方の軸に自社の事業へのインパクトの大きさ、もう一方の軸には発生確率の高

図表1－4　シナリオ構築を通じた長期戦略討議のアプローチ

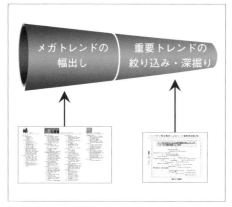
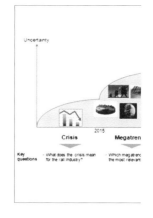

（出所）　BCGプロジェクト

さ、自社の準備状況、変化のスピードなどを置いてマッピングし、事業へのインパクトが大きく、発生確率が高い、もしくは自社でも準備を進めているトレンドである「ホットスポット」、事業へのインパクトが大きいが、発生確率が低い、もしくは自社の準備が整っていない「ブラインドスポット」を特定していく（図表1－7）。

　抽出したトレンドが業界や自社の事業にどのようなインパクトを与えるかを詳しく検討したうえで、複数のトレンドをベースに、いくつかのシナリオをつくりあげていく。ここでのシナリオは、単に未来に起こりそうなことを想像するだけでなく、描き出した未来の姿に向けて進むための道すじを考えるためのものであるため、分岐点を明示したシナリオであることが望ましい。

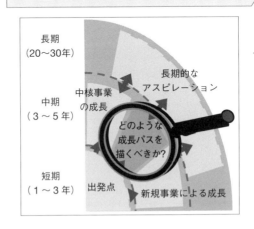

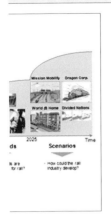

　冒頭の例は比較的想像しやすい未来だが、実はデジタル戦略策定のためのシナリオはより極端なほうが議論を活性化することができる。「新興インステック企業が市場を席巻する」「保障から予防への流れの加速により市場が大幅に縮小する一方で、サービスをベースに新たな収益機会が生まれる」「代理店がロボアドバイザー化する」「保険契約がブロックチェーンベースになる」――などのシナリオをベースに議論をしたらどのようなアイデアが生まれるだろうか。

デジタルトランスフォーメーションプロジェクトの実際
――BCGによる支援の例

　出てきたアイデアは、実際の施策のかたちに落とし込み、自社の状況にあ

図表1-5 メガトレンド（BCGグローバルデータベースより抜粋）

経済環境
(Economical)

景気・雇用
・平均賃金減少
・雇用流動化
・非正規社員増加

企業活動
・付加価値再定義
・新サービス勃興（中小発電事業者等）
・ビジネスモデル変革（農業等）
・グローバリゼーション

モビリティ
・次世代自動車
・次世代高速鉄道
・新モビリティ形態

インフラ
・民営化／PPP
・老朽化対応
・国内特需（復興、オリンピック）
・海外輸出

技術進展
(Technological)

情報技術・プラットフォーム（ICT）
・スマホ・タブレット
・クラウド
・ライフログ
・ニューメディア
・ネットワーク

エネルギー
・再生可能エネルギー
・スマートシティ／スマートグリッド
・蓄電池

バイオ／ヘルスケア
・高度先進医療
・遺伝子関連（DNA解析・ヒトゲノム）
・ロボット活用（医療行為、介護）

災害対策
・災害予知
・被害軽減
・対災害住宅

人口動態・社会構造
(Social)

デモグラ
・少子高齢化
・マイナンバー制度
・外国人（労働者・観光客）増加
・女性の役割向上

消費行動
・カスタマイズ志向
・モノ消費→コト消費へのシフト
・シニアによる消費
・中食・宅食の増加

政治環境・規制変化
(Political / Regulatory)

医療・介護制度
・医療制度改革（混合診療の解禁等）
・介護保険制度
・医療情報の全国共有化

その他の法制度改正
・消費税増税
・規制強化・規制緩和

（出所）　BCGデータベース

わせてロードマップを組んでいく。このプロセスは、私たちが実際に行うデジタルトランスフォーメーションのプログラムに沿って事例形式でみていきたい。ここで紹介するのは、複数の支援例を統合して作成した架空のストーリーであり、特定の企業を題材にしているわけではないことをお断りしてお

く。

　生命保険大手A社ではデジタル化推進に向け、ホームページの刷新や、営業端末の導入、ペーパーレス化、コールセンターへのAI導入、スマートフォンアプリの開発など、さまざまな取組みを行っていたが、それぞれ異なる部署で進めていたこともあり、経営陣がデジタル関連の施策を体系的にとらえたり、各取組みの進捗を把握したりするのはむずかしい状況だった。一方で、競合各社がデジタル化への取組みを統括するデジタル戦略部を立ち上げたり、CDO（チーフ・デジタル・オフィサー）を置いて一気にデジタル化を進める、という動きがメディアで報道されていた。

　A社の社長は、以前から自社もデジタルの領域でなんらかの優位性を築かなければ、長い目でみて生き残っていくことはむずかしくなる、という課題意識をもっていたが、デジタルは社長にとっても未知の分野である。何から、どのような指揮系統で、どう進めるのか、自社に最適な道すじを探るためにはサポートが必要だと感じ、BCGに相談をもちかけてこられた。

　A社からの相談を受け、BCGではデジタル戦略の目的、ミッション、方向性を特定し（①）、戦略に基づいて具体的にどういった取組みを行うべきかを検討（②）、それぞれの取組みをどういった順番、時間軸で実現していけばよいかを決め、施策全体をロードマップ化するとともに、人材育成やノウハウの取入れなど、実行に必要な打ち手もあわせて構築する（③）というプロセスを3カ月間で行うプロジェクトを提案し、A社を支援させていただくことが決まった。

トランスフォーメーションプログラムのスタート
──施策の見える化とアイデア出し

　トランスフォーメーションのプログラムは、「全体構想づくり」と「加速化」「全社展開」というフェーズに分けて考えることが多い（図表1-8）。はじめの、「全体構想づくり」のフェーズでは、既存の取組みの進捗を見える化し、新たな取組みも加えて、全体のロードマップをつくる。

　A社とBCGは、まず、A社がこれまで行ってきた取組みを棚卸しし、見

図表1−6　テクノロジー動向をふまえた機会の可能性
　　　　　10大技術の位置づけ

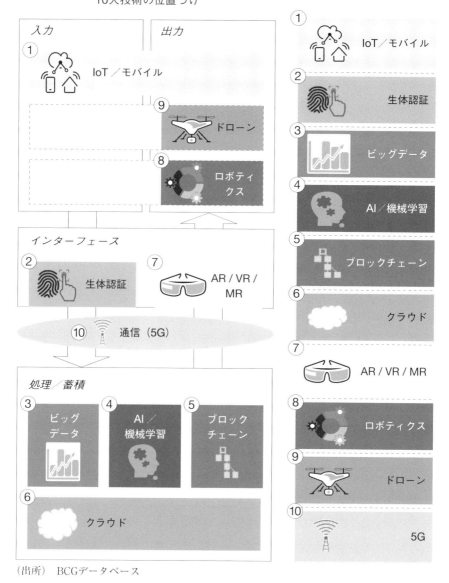

(出所)　BCGデータベース

技術概要	特に関連が深い技術
車、家電等あらゆるモノをネットに接続し、管理／操作できる技術。「センサー」を通じて情報（音声／画像／運動量等）を収集・分析し、状況に応じアクションを実行	③ ビッグデータ：分析 ④ AI／機械学習：分析 ⑥ クラウド：SaaS等の活用 ⑩ 5G：データ通信
人間の身体／行動情報を活用した個人認証技術（指紋、血管、声紋、筆跡等）	① IoT：データの収集 ④ AI／機械学習：データ分析 ⑤ ブロックチェーン：個人データ保管
多様／大量のデータを処理／分析する技術。データ量の増加とともに発展 ※通常数十テラバイト～ペタバイト規模のデータをビッグデータと定義	① IoT：データの収集 ④ AI／機械学習：データ分析 ⑥ クラウド：データ保管／処理
人間や生物の知能を機械によって実現する技術。近年ディープラーニングの進展により急成長	③ ビッグデータ：学習 ⑧ ロボティクス：出力
過去の取引データをもとにレコードを連続的に生成する改ざんができないデータベース（分散台帳）。取引レコードが必要な仮想通貨等に応用	③ ビッグデータ：レコードの保存 ⑥ クラウド：データ保管／リアルタイムデータ処理
インターネットを通じてサービスを提供する方式。利用者はローカルで構築するよりも安価にサービス利用が可能	① IoT：データ収集 ③ ビッグデータ：データ分析 ④ AI／機械学習：データの利用 ⑩ 5G：データ通信
VR：ヘッドセットを通じたCG等で「仮想現実」を実現する技術 AR：スマホ等を通じて仮想現実を現実世界に反映する「拡張現実」を構築する技術 MR：仮想現実に現実世界を融合する「複合現実」	⑩ 5G：大量のデータ通信により、VRコンテンツのストリーミングが可能に
通常人間が行っていた作業をコンピュータを搭載した「ロボット」が補助／代替する技術	① IoT：知能／制御・センサー ④ AI／機械学習：データ分析
3つ以上の回転翼をもつ、遠隔操作式無人マルチコプター。空撮、デリバリー等の低コスト化が可能	① IoT：ドローンをネット接続し情報を送受信
次世代無線通信技術。10Gbps以上の通信速度を実現し、VR等大量のデータ通信が必要な技術浸透を加速	上記ほぼすべてのイネーブラー

図表1-7　重要トレンドの洗出し例のイメージ

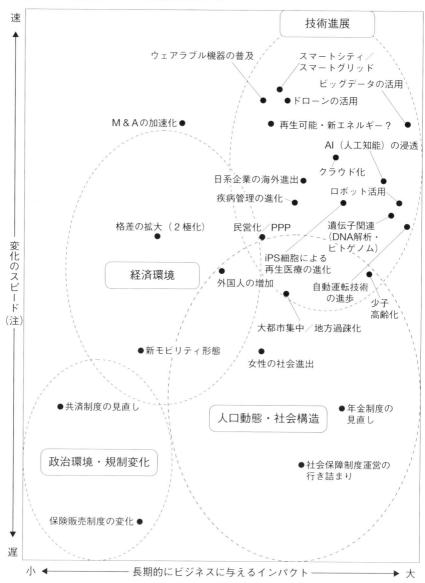

(注)　縦軸には発生確率の高さ、自社の準備状況を置く場合もある。
(出所)　BCG分析

える化するとともに、新たな取組みとしてどのようなものが考えられるか、アイデア出しをすることからスタートした。アイデア出しの枠組みは、前述のシナリオプランニングを活用した枠組みを含め複数あるが、A社の経営陣がうまく考えを整理できたのは図表1－9の枠組みだった。これは、デジタル化への取組みを「保険分野における取組みか、保険を超えた周辺領域で新たな収益源を探る取組みか」という横の軸と、「既存のアセットを活用した取組みか、新たな投資によりまったく異なるビジネスモデルをつくるのか」という縦の軸で整理するものである。

　左下の象限に当たるのは、既存の保険事業をデジタルの力でリエンジニアリングする取組みである。たとえば、新契約プロセスの電子化、引受査定の自動化等がこれに当たる。右下はいまのビジネスモデルのなかで保険以外の業務に出ていく、たとえば現状の支社網や営業人員等のアセットを活用して、ヘルスケア領域など保険の周辺領域に進出する、といった方向性が考えられる。左上は、保険分野でいまのアセットを使わず新しいモデルをつくっていく取組みで、生命保険をオンラインで売る、といったモデルが含まれる。最後に、右上は保険とは異なる領域で、かつ既存のアセットを使わないビジネスモデルを一から立ち上げる取組みである。これまでの事業とは切り離されたまったく新しい医療関連サービスを立ち上げる、などがこれに当たる。

　A社では、まず、これまで取り組んできたものの道半ばで終わっている、アイデアはあるが実現していない、といった取組みを含め、すべてを見える化した。すると、多くの取組みが左下の象限に偏っていることがわかった。そこで、経営幹部と各事業部門、機能部門のトップがワークショップを行い、他の象限も含め、自社のチャンスを幅広くとらえたとき、どのような取組みがありうるか、ブレインストーミングを通じてアイデアを出し、あがったアイデアを4つの象限に当てはめていった。

　このワークショップに先立ってA社が行ったのが、2章などでも紹介するミクロアプローチからの、カスタマージャーニーの深掘りである。この手法

図表1−8　デジタルトランスフォーメーションプログラムの進め方例

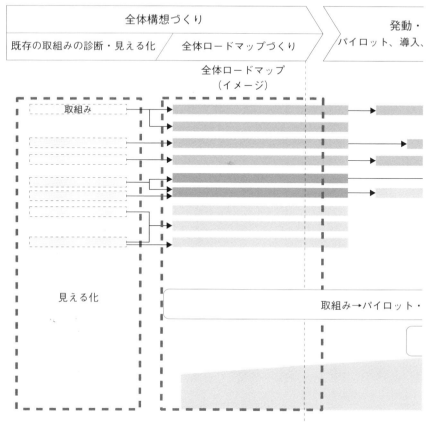

（出所）　BCGプロジェクト

は、ユーザーの目線に立って、自社の商品・サービスに興味をもってから、契約に至るまでの道のりを最初から最後まで（end-to-end）詳細に検証し、ペインポイント（ユーザーがいやだな、めんどうだな、と思うポイント、現状とあるべき姿のギャップ）を探るものである。これはもともとデザインシンキングの手法の1つで、正確に行うには専門の人材と、数週間という期間が必要となるが、デジタルの新サービス・商品の開発においては、非常に効果的であることが証明されている。

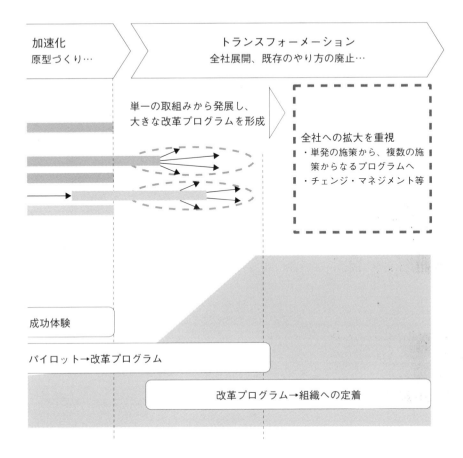

　商品を選び契約に至るまでの一つひとつのプロセスにおいて顧客が感じたことを、ニュートラル／ポジティブであれば青色、ペインポイントに当たる部分はピンクの附箋と決めて記入し、ホワイトボードなどに貼っていく。A社の場合、新たに保険に加入するプロセスを例にすると、それぞれの商品によりカバーされる範囲がわかりにくいことや、書類のやりとりが繁雑であること、また手続の多くが紙の書類をベースにしているため、1つの手続を完了するまでに郵送して返送を待っていると、数日から1週間はかかってしま

図表1－9　デジタル化施策を検討する枠組みの例

（出所）　BCGプロジェクト

う、というようなところがペインポイントとなっていた。もう1つ明確になったのは、A社のこれまでの取組みは、既存の組織を前提にした部門ごとの取組みだったこともあり、顧客目線では利便性が上がったと感じられる域には達していなかったということだった。

Digital Acceleration Index（DAI）で自社の立ち位置を確認

　施策の優先順位をより明確に把握するため、A社はさらにBCGの「Digital Acceleration Index（DAI）」というツールを使って自社の立ち位置と埋めるべきギャップを客観的に把握することにした。このツールは、自社の全社的なデジタル関連の組織能力の成熟度／進化のレベルを評価し、競合企業とのギャップを特定するものだ。さまざまな国や地域、幅広い業界の2,500社以上の企業のデータが蓄積されており、図表1－10に示した、「デジタル化戦略」「コアビジネス／オペレーションのデジタル化」「デジタルを活用した新領域での成長」「組織能力・技術基盤」という4つの分野の、37の領域にお

ける強みと弱みを、国別・産業別に把握できる。

　この診断ではまず、オンラインのアンケート調査を行って、主要なデジタル関連の組織能力を自己評価する。アンケートは、自社の現在のデジタル関係のインフラをどのように評価しているか、強みは何か、どのような弱点とギャップが存在するか、といったことを尋ねるものだ。

　DAIは0〜100までのスコアのかたちで示され、スコアの高さにより以下の4段階に分類される。

・ステージ1（Digital Passive）：このステージの企業では、事業・機能部門とIT部門は必要に応じて連携するが、共同プロジェクトのかたちになっていなければ協働することはない。企業全体としても、デジタル化に対する明確なビジョンがなく、取組みが単発で終わっている。

・ステージ2（Digital Literate）：このステージの企業では、デジタルへの投資の重要性が認識され、現状とのギャップを埋めるためのロードマップが定義されている。業務プロセスのデジタル化に手をつけ始めている。事業・機能部門、そして各地域でデジタルへの取組みをしているが、組織全体が協調的に動いているわけではない。

・ステージ3（Digital Performer）：事業・機能部門とIT部門がすべての領域で協働し、ともに組織能力を構築している。デジタル化は包括的に進められており、デジタル化施策が収益を生み出している。これまでにないディスラプティブなデジタル関連のビジネスが複数立ち上げられている。

・ステージ4（Digital Leader）：イノベーション、価値提案、テクノロジー活用、オペレーションなどの領域で組織全体にデジタルが浸透している。デジタルにおける明確な優位性が構築されており、デジタルが自社の価値創出のカギとみなされている。デジタル戦略とロードマップが明確に定義

図表1−10 デジタルに関する組織の強みと弱みを特定する
　　　　　Digital Acceleration Index（DAI）

（出所）　BCGデータベース

され、デジタルへの取組みが戦略や価値創造に貢献している。

　A社は現段階では全体ではステージ２に近いステージ１にあると診断されたが、デジタルに関する組織能力の一部は海外保険企業に比較して優位にあることがわかった（この調査については、BCGのウェブサイトでも紹介されている。https://dai.bcg.com/marketing）。

施策優先順位づけとロードマップへの落し込み

　こうした調査や現状分析をもとに経営陣の間で何度も議論を重ねた結果、向こう数年は顧客視点を徹底的に追求し、図表１－９の左下の象限の中核事業のデジタル化に注力すること、同時にポートフォリオの考え方から、10年先を見据え新しいアセットの構築が必要な左上と右上の領域に対してもきちんと投資していくべきだという方向性が明らかになった。とはいえ、予算や人材などの経営資源には限りがある。次のステップは、こうした方向性に基づいて具体的にどの施策を選ぶかを検討することだった。

　第二のステップでは、実際のベネフィットを勘案し、それぞれの取組みの評価・優先順位づけを行った。A社とBCGではこれを、必要性と、実現可能性の２軸で整理した（図表１－11）。必要性は競合他社とのギャップの大きさや事業としての要望の強さにより、実現性は必要な投資の規模や、他社の力を借りず独力で開発が可能か、といった要素により、それぞれ高・中・低の３段階で評価する。必要性、実現性がともに高い、右上に位置する施策が、すぐに取り組むべき優先順位の高い施策となる。

　A社では、まず中核事業である保険事業のデジタル化によるリエンジニアリングの領域で、顧客や募集人がホームページ経由でストレスなく契約までこぎつけられるようなデジタルインターフェースの整備に、２年間でXX億円を投資することになった。保険以外の領域での収益源獲得も視野に入れ、高度な分析が可能になる顧客データベースの整備に３年間でXX億円、あわせてIoT機器を通じて収集した情報を事業にどう活用するか、についての研究開発に５年間でXX億円を投資する意思決定を行った。

図表1-11 優先度判断の枠組み

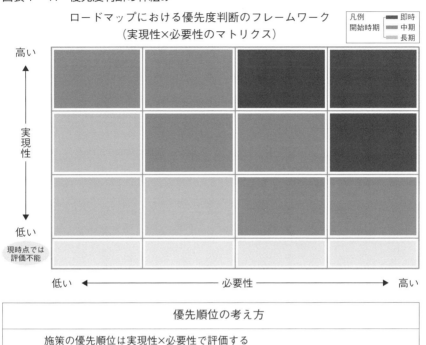

(出所) BCGプロジェクト

さらに、BCGが中心となってそれぞれの取組みを複数の具体的なアクションプランへと分解し、何から手をつけ、それぞれどの程度の期間を目安に完了し、どのような体制で行うのか、どのタイミングでどの程度の投資を行うのかを数年の範囲でロードマップ化していった。それぞれの取組みの優先度や依存関係をふまえた航海の海図を描いていく、この整理は長期的なプ

ログラムには欠かせない。

　この時重要なのが、初期の段階ですぐに成果の出る施策を実行することだ。これにより、改革の動きに弾みをつけ、新たな取組みに投資するための資金を確保することができる。さらに、それぞれの取組みについて、どの領域でアクションが必要かを明確にし、タイミングや必要な期間、スキル、責任を持つ部門や個人についても細かく決めていく。

　もう1つ重要なのが、着実な実行を担保する仕組みや組織能力の構築である。まずは、プログラムの確実な実行を担保するために、アクションプランに落とした個々の取組みの進捗を担保するガバナンスの仕組みを整える必要がある。いくら精緻にロードマップを組んでも、見直しは必要になってくる。A社ではさらに、領域ごとに役割、権限、ルールを定義し、定期的に軌道修正できる体制を整えた。加えて、DAIの結果をふまえ、強化すべき組織能力を特定するとともに組織体制を明確にし、デジタル人材の育成やノウハウ取得に向けた施策の設計を行った。

　A社では、自社の方向性、取組みの優先順位とロードマップが明確になったことで、デジタル化への一歩を着実に踏み出すことができた。BCGでは引き続き、個別の施策における支援やプログラムマネジメントを中心にお手伝いをしている。

プログラムを全社に展開

　パイロットが成功したら、取組みを全社に拡大したり、既存のやり方を廃止して新しいやり方に全面的に移行したりする「全社展開」のフェーズに入る。社内外との適切なコミュニケーションをとりながら、さまざまな仕組みを入れて組織を動かしていく。

　アクサやアリアンツのようなグローバル企業の場合は、この段階からトップの主導で幅広い分野の取組みを一気に行って全社展開することを選ぶ場合が多い。だが、日本企業の場合は組織内の和を重視し、まずは領域を絞っていくつかのプロジェクトを進めるケースが大半だろう。

　なお、デジタルトランスフォーメーションのロードマップでは、IT関連

の取組みが主になる。その際、事業側の戦略のみならず、IT部門の事情も考慮する必要がある。事業側とIT部門のロードマップが整合性をもつよう、入念なすり合わせをしなければならないのだ。事業側として戦略的優先順位の高い項目を進める一方で、仮想化、クラウドといった基盤となる新技術をいつ、どこまで導入するのか、といったIT側で進めなければならない項目もある。これをうまくすり合わせないと、事業側とIT側のロードマップがお互いに足を引っ張り合うことになりかねない。

　ここまで、デジタル戦略策定からロードマップへの落し込みまでを概観してきた。2章以降では、前提となる日本の保険市場・顧客について解説し、柱となる3領域、またIT基盤や組織などのプラットフォーム構築において検討すべきことを整理していきたい。

コラム　プログラムマネジメント

　BCGは全社戦略やデジタル戦略の構築をはじめ、M&A、マーケティング、組織設計等、幅広い領域でクライアント企業を支援しているが、戦略を構築するだけでなくクライアントとともに組織を動かし、実際の成果につなげる実行支援のプログラムも多い。そのなかでクライアントが求める価値の1つに"プログラムマネジメント"がある。デジタルトランスフォーメーションをはじめ、多くのプロジェクトを同時に連携させながら進める「プログラム」では、このプログラムマネジメントは非常に重要な要素であるといえる。

　実際には、BCGのメンバーがプログラムの心臓部となる、PMO（Program Management Office）に加わることで、全体のPDCAサイクルを確立し、確実な遂行を支援することが多い。PMOは主に3つの観点からプログラム全体を戦略的にマネジメントする。

　第一に「方向性」のマネジメントである。個々のタスクや成果物に固執してしまい、「木をみて森をみない」プログラムになることを防ぐため、常に経営方針・戦略との整合性をとる。経営に対して答えるべき論点、プログラム

の提言の方向性がずれてきていないか、提言に必要な成果物の品質レベルが保たれているかを確認する。常に全体を俯瞰し、何がプログラムまたは経営にとっての全体最適かを考え続けることが求められる。

　第二に「タスク・課題」のマネジメントである。経営報告・対外発表・商品の上市など、重要なマイルストーンから逆算して、マスタースケジュールと必要な作業を緻密に策定し、常に見える化する。さらに、作業の遅延や品質不足などの課題が生じた場合は、表層の問題の指摘にとどめずに、なぜ課題が生じるかの背後の真因にまで踏み込み、根本からの解決を図る。実行プロセスが非効率である、リソースが足りていない、というような比較的目にみえやすいところに要因があることもあれば、メンバーのなかに改革の必要性が「腹落ち」していない、改革を進めるための動機づけが足りない、知識・スキルが不足しているなど、外からはみえにくいソフト面に要因がある場合もある。

　最後に「ステークホルダー（利害関係者）」のマネジメントである。プログラムの規模、すなわち関係者の数・種類が拡大するにつれ、業務ごとの縦割り、タコツボ化が生じたり、互いの利害が衝突するケースが増えたり、プログラムへの抵抗勢力が拡大したりするなど、弊害が出やすくなる。プログラム内外のステークホルダーを洗い出したうえで、各人の利害を確認し、丁寧な対話やこまめな情報発信を計画的に行い、さらに継続的に各ステークホルダーの考えを把握し続け、プログラムを一枚岩にするためのコミュニケーションを練り直す。

　単に進捗管理するだけではプログラムは頓挫する。戦略的なプログラムマネジメントが求められている。

2章

デジタル時代における顧客の理解

① デジタル戦略構築

② デジタル時代における顧客の理解

③ 商品／サービス・ビジネスモデルの革新

④ チャネル・顧客接点の革新

⑤ オペレーションの革新

⑥ IT基盤の最適化、デジタル組織能力醸成

デジタル化の流れが顧客に大きな影響を与えているのは確かだ。しかし、デジタルの力が顧客の行動の何を、どう変えていくかについては冷静にみていく必要がある。顧客は必ずしも合理的な理由だけで行動しているわけではない。2章では、デジタル時代に、顧客の保険への意識がどう変わるか、変わらないのは何かを考えていきたい。

日本人の「保険好き」

　日本人は「保険好き」と評される。図表2－1の毎年消費者が払う生命保険料の国・地域別比較に示されるように、日本の生命保険の市場はアメリカ

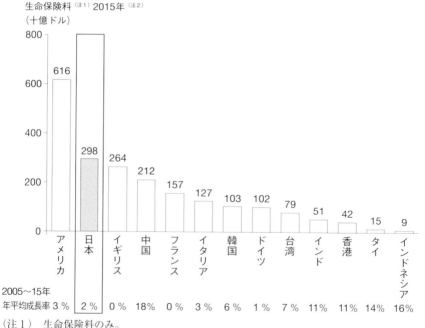

図表2－1　日本人は保険が好き？
生命保険料の国・地域別比較（2015年）

（注1）　生命保険料のみ。
（注2）　日本のみ2015年4月～2016年3月、それ以外の国・地域は2015年1～12月。
（出所）　AXCO Insurance Information Services、BCG分析

に次いで世界第2位の規模である。世帯加入率は近年低下傾向ではあるものの9割に近く、2005年からの10年では、市場は年平均約2％の成長率となっている。損害保険においても同様に、戦後日本の高度成長のドライバーとなったモータリゼーションを、自動車保険が下支えしてきた歴史がある。

「日本人は保険にお金をかけ過ぎだ」と批判的にみる向きもあるだろう。しかし一方で、日本では消費者が保険に求めるものが大きく、また保険業界もそのニーズに応えたことで市場を拡大させてきたとも考えられる。

日本の保険市場では生命保険、なかでも死亡保険の市場が大きい。死亡保険とはプロテクション、「何かあったときに保障してもらう」ための保険である。対照的に、アメリカやドイツではシェアの半分以上が年金など、貯蓄性の保険である。どちらかというと運用目的の要素が強く、その意味では投資信託に似た商品性をもつ商品だ。

また、保険に対するイメージも日本と海外とでは正反対だ。日本で「保険に対してどのようなイメージをもっているか」と尋ねると、おおむねポジティブな反応が返ってくる。お守りである、ビタミン剤である、鎮痛剤である、ばんそうこうである、など。しかし、同様の消費者調査を海外で実施すると、「いらないもの」「買わなくていいものなら買いたくない」といったネガティブな声が多く聞かれる。

なぜ、これほどまで日本人は保険好きなのか。「保守的な国民性である」というのはおそらくそのとおりだろうが、それだけではない。

理由の1つは、生命保険会社が、戦争で夫を亡くした女性を「生保レディ」として積極活用し、営業を任せたことにある。この営業職員チャネルは世界に例のないビジネスモデルであり、戦後最大の保険業界のイノベーションだった。営業職員は女性を中心に組織化され、顧客と積極的に接触して「人の生涯」について考える機会を提供する、生命保険（特に死亡保障）販売の強い推進主体だったのだ。

人間は一般的に、自分の死について考えたいとは思わないものだ。だが、営業職員は顧客との強い結びつきを通じて、広く国民の間に生命保険を広め

ていった。実際、90年代後半まで日本企業では生命保険会社の営業職員の女性が昼休みのオフィスを闊歩している風景がみられた。大学卒業後に新入社員として働き始めたオフィスには、生命保険会社の営業職員が待ち構えている。はるかに年上の先輩と長年の懇意のように会話する営業職員を不思議に思いながらも、あまり深く考えることもなく、周囲に流されるように契約した――。一定の年齢以上であればこうした経験をもつ方も多いだろう。また営業職員の個人のネットワークは強く、いろいろな集会などで顧客をつてに紹介と縁をたどっては新規の開拓を広げていった。

　一方で、損害保険にはモータリゼーションを契機に市場が大きく拡大した自動車保険が業界をけん引してきた歴史がある。主な顧客接点は代理店で、現在でも顧客の約9割は損害保険会社の委託を受けた代理店を通じて加入する。代理店には、保険販売を専業とする専業代理店（プロ代理店）と、自動車ディーラー、自動車整備工場、不動産業者、旅行代理店などが保険販売を兼ねる副業代理店がある。

　ポイントは、こうした営業職員や代理店の基本的なスタイルが「プッシュ型」だったということである。顧客はいわれるがまま「受け身」で保険を買うのが基本的な態度であり、複数の商品を比較検討することはまれだったのだ。

市場をみる目：脱平均

　さて、現代、そして未来に目を向けてみよう。人口減とその要因である合計特殊出生率（1人の女性が生涯に産む子どもの数の平均）の低下や、晩婚化の進行、そして未婚率、特に生涯未婚率の上昇などのメガトレンドにより、市場の縮小が懸念されることは、多くの人が指摘しているとおりだ。では、保険の市場は縮小する一方なのだろうか。

　私たちの考えは否、である。世の中のトレンドはトレンドとして、それを分解（あるいは脱平均＝De-average）することで、ビジネスチャンスが生まれるはずだ。現に、生命保険業界では、減少傾向にあった保険の保有契約高

に底打ちの兆しがみられるなど、必ずしも市場が縮小し続けているとはいえない（図表２－２）。人口減少のペースに比例して市場が大きく縮小することはなく、むしろ、保険商品の保障性に対するニーズはますます多様化し、市場としては底堅く推移していくと考えている。

たとえば、人口は減少局面ではあるが、シニア世帯やシングル（独身）世帯は増えている。これらのセグメントをターゲットと定義すれば、新たな市場がみえてくる。またシングルでも、地方・都市部、男性・女性などより細

図表２－２　生命保険の保有契約高／契約件数推移（1998～2016年）

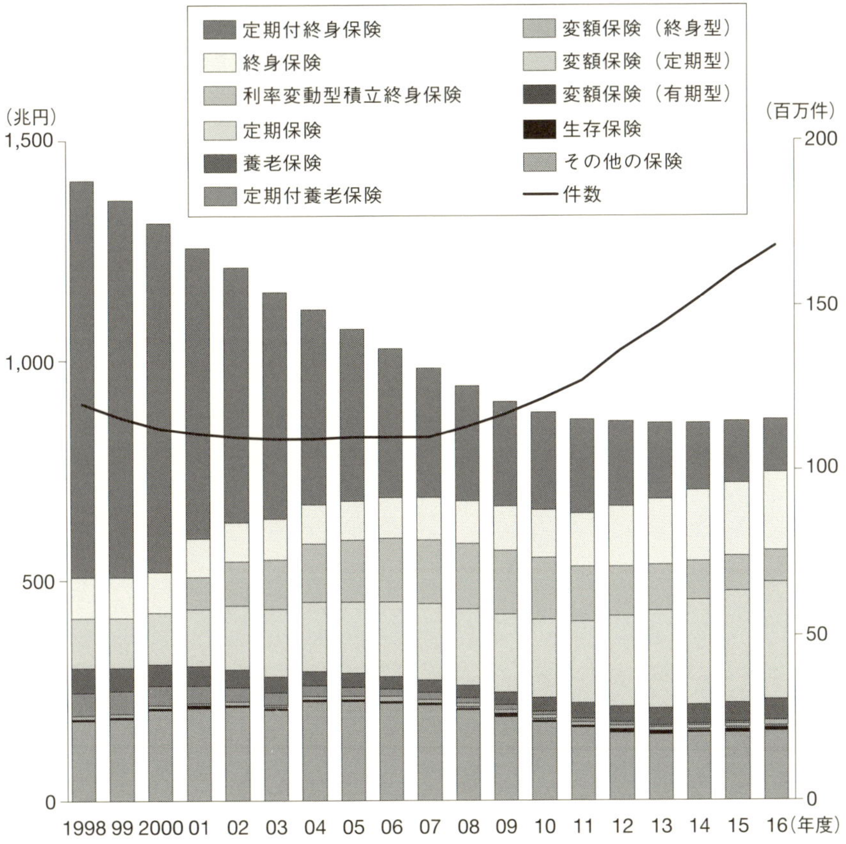
定期付終身保険
終身保険
利率変動型積立終身保険
定期保険
養老保険
定期付養老保険
変額保険（終身型）
変額保険（定期型）
変額保険（有期型）
生存保険
その他の保険
件数
(兆円)
1,500
1,000
500
0
(百万件)
200
150
100
50
0
1998
99
2000
01
02
03
04
05
06
07
08
09
10
11
12
13
14
15
16
(年度)

（出所）　生命保険事業概況、BCG分析

かくセグメントを分ければ、それぞれ異なる消費者のニーズが浮かび上がってくるかもしれない。マーケットを考えるにあたっては、全体をマクロの視点から考え、大きな「マス」としてとらえるのではなく、一段「だけ」細かくしただけでも異なる特性やトレンドが浮かび上がる。

　若年世代を例に考えてみよう。保険への加入率を年代別に調査すると、20代の保険加入率は長期的に低下傾向にあり、特に生命保険に関してその傾向は顕著に表れている。これは、若い人の保険へのニーズが減少してきた証拠だと解釈するべきなのだろうか。たしかに自動車保険のように、若年層では自動車の保有率が下がっているという明確な理由がある場合もあるだろう。しかし逆に、現在の顧客接点や商品が若い人の保険ニーズに対応しきれていないとも考えられる。現に、自動車保険分野においても、保有はしないが友人や家族の車を借りて乗ることはある、若者のニーズをとらえた「１日保険」の人気が高まっている。スマートフォンなどから加入できることも若者の支持を得ている。

　金融商品に関連する消費行動にも独特の傾向がみられるのがこの世代だ。従来の日系大手保険会社の知名度が他の世代に比べて低い。銀行の選択においては、ゆうちょ銀行の存在感が非常に高い。また、貯蓄傾向が一般的に高いといわれてもいる。収入が高くなくても、多額の金融資産を保有しているケースも珍しくない。

　実は、私たちが実施した保険に関するマーケティング調査によれば、若い世代の間でも「保険に入りたい」というニーズは高い。彼らは、いまの30〜50代の世代よりはるかに大きな「将来への不安」を感じている。それらの不安をカバーするような新しい「サービス」（商品だけでなく、売り方なども含めて、という意味）を提供することは、保険会社にとっての成長ドライバーになるはずである。

保険加入者の変化──「賢い」顧客の出現

　脱平均化の切り口として重要な視点の１つがデジタル化の進行による顧客

の変化である。前述のとおり、日本の消費者は保険の購買プロセスにおいて「受け身」だといわれてきた。生命保険では、友人から生保レディなどを紹介されて、人生設計について考える機会をつくらされたという人も多い。損害保険では保険加入のきっかけは明白だ。本人にその気はなくとも、車を買えば自動車保険、自宅を買えば火災保険・地震保険等に半ば自動的に加入する。生保でも損保でも、一般的な消費財等と比べると、購買への姿勢は圧倒的に受け身だった。

だが、デジタルイノベーションが進行するにつれて、日本人は「受け身」ではなくなりつつある。一言でいえば、消費者は「賢くなった」。

そもそも、消費行動を全般的にみても「ウェブ経由・セルフサービス」が主流になりつつある。つまり「ネットを通じて」「自分で選び、自分で買う」。かつて企業と消費者の間にあった情報格差が失われ、企業が消費者に対して購買喚起をするモデルが崩れようとしている。これは、いうまでもなくインターネットの影響である。かつてはいわれるがまま、深く考えずに保険を購入していた消費者が、自ら情報を集め出した。保険会社のサイトでは、商品案内をすべてみることができる。代理店などのサイトでは「なぜ保険が必要か」という説明から始まり、「どんな人にどんな保険が必要か」といった商品提案まで網羅されており、消費者は順を追って買うべき商品を検討できるようになっている。インターネット上で資料請求や申込み、さらにはネット上のチャット機能を用いてリアルタイムの相談もできる。

図表2−3は私たちがインタビューした43歳の主婦が保険を購入するまでのプロセスを追ったものだ。医療保険が満期になるというイベントが生じ、保険の購入を勧められた際に彼女のとった行動はこうだ。まずは情報収集を始め、保険会社のウェブサイトをチェックしたり、バナー広告をクリックしたりして商品についての知識を深めていった。保険会社のセールスに相談するのはその後だ。人に会う前に、まずインターネット、人に聞く前に、まず自分の頭で考えるのである。

私たちはこのような消費者調査を毎年行っているが、年々明らかに消費者

図表 2 − 3　消費者の購買プロセスは複雑化（生命保険の例）

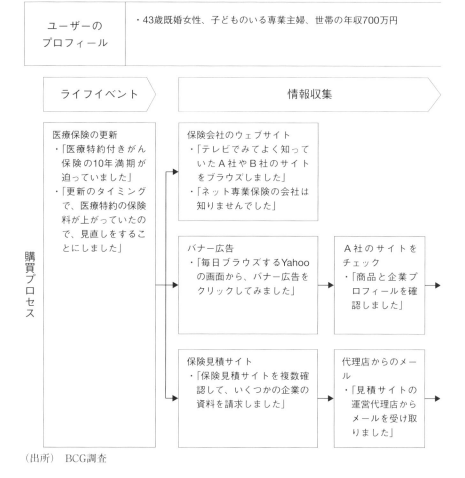

（出所）　BCG調査

は主体的になり、行動は複雑になっている。10年、20年後に主な保険の加入者となる層、現在の10代、20代は生まれたときからインターネットがあり、スマートフォンは当たり前、コミュニケーションは電話よりチャットやSNSを好むなど、一世代上とは異なる生活感覚をもつ「デジタルネイティブ」である。今後この傾向はさらに顕著となるのではないか。

- 最近購入した保険商品：A社医療保険、B社医療保険
- 過去に購入したことのある保険商品：C社がん保険、D社学資保険

| 相談／問合せ | 契約 |

どの商品を買うべきか、決めるのはむずかしかった
- 「商品Xには、女性専用のラインと、一般用のラインとがあり、どちらがよいのかよくわかりませんでした」

対面コンサルテーション
- 「代理店の営業職員と、カフェで会って、興味をもっている商品と、それ以外の商品を比較してもらいました」

選択
- 「相談してみて、一般的な医療保険のカバレッジで十分だとわかりました」

契約手続
- 「申込書を手書きするのはおっくうですが、ほかに方法はないので仕方なくやりました」

　だが、プッシュ型営業の歴史が長かった日本の生損保に特有の傾向は、消費者の側にもいまだに存在する。インターネットで情報が集められる時代になっても、契約前には対面でのやりとりを求める消費者が多くみられるのだ。少なくとも現代の日本人は、すべて自分で意思決定できるまでには至っていない。図表2-3の43歳の女性の例でも、気になっていた保険商品につ

いて、わからないことを代理店のフィナンシャルプランナーに確認して、安心感を得てから契約に進んでいる。（保険リテラシーの高い一部の消費者が新規契約等をウェブで完結させる方向へ緩やかに移行しているとはいえ）マーケットの大部分は、「最終的には人と相談して決める」ことを望んでいるのだ。

　詳しくみると、保険の新規加入のプロセス──①事前に情報収集をして、②契約する保険商品と詳しい条件を決め、③契約手続をする──のうち、特に②の、「どの保険商品にどのような条件で入るのか」という肝心のところを決定するプロセスでは、「人に相談したい、専門家のコンサルティングを受けたい」という消費者が大半である。ネットリテラシーが比較的低い年配者のみならず、20〜30代にも同じ傾向がみられる。これだけインターネット経由での購買が普及している昨今にあっても、「最後は人と相談して決めたい」「だれかに正当性を認めてもらいたい」というニーズが残る数少ないサービスの1つが保険だといえるだろう。

　ただし、損害保険と生命保険では若干状況が異なる。自動車保険は基本的に1年更新であり、他の保険商品に比べ購買機会が多い。毎年見直しをするなかで知識が蓄積され、自分で意思決定を下せるようになる顧客も出てくる。しかし、そのほかの保険は生命保険を筆頭に一生に何度も買い直すものではない。そのような商品についてわざわざ勉強し、自分の意志で購入できるだけの知識を得たいかというと、そこまでのインセンティブがない、と考えるのが妥当である。

　こうした背景もあり、現在、日本ではインターネット生保で既存企業を脅かすほどの大きなシェアを獲得している会社はない。自動車保険ですら、ダイレクト保険のシェアは7％程度にとどまり、急激にシェアが拡大しているとは言いがたい状況にある。

　一方で、対面を好む顧客の傾向を反映して、対面で相談できる場所が増えている。保険会社がお客様窓口をより立ち寄りやすいようリニューアルする例もあれば、ショッピングモールや繁華街などで、保険の相談ができる「保険ショップ」もよくみかけるようになった。保険ショップも以前は相談予約

をして来店する消費者がほとんどだったが、今はふらりと立ち寄る消費者が多いという。さらに、家電製品やアパレルのように買回りする顧客も出現している。顧客は以前に比べ複数の接点で保険の相談をしている。駅前にある複数の保険ショップの「ハシゴ」をするというのも、より当たり前になっていくだろう。

デジタル時代の顧客の潜在ニーズをつかむ

　デジタルで武装し、より賢くなった保険の消費者たち。彼らの行動は複雑化し、ニーズをつかむのはさらにむずかしくなった。だが、そうした顧客の潜在ニーズを読み解き、商品サービスを含めた新たな顧客体験の設計につなげることもデジタル技術によって可能になっている。BCGがクライアント企業のデジタルトランスフォーメーションを支援する場合でも、この分野における施策に取り組むことが多い。新規事業開発におけるアプローチを例にみていきたい（図表2－4）。

　これまで主流だった新規事業開発へのアプローチは、「マクロアプローチ」である。外部環境・業界動向などマクロなトレンド情報を集約し、条件に該当する事業を絞り込む手法である。これまで日本の大企業はこの手法を活用することが多かった。成功例としては、トヨタのプリウスなどがあげられる。「21世紀の車」として政府や社会が求める環境性能を満たす車である。高齢化が進むから介護事業を、という発想もマクロアプローチによるものだ。いずれにせよ、マクロなトレンドから事業機会を探る議論になる。

　これとあらゆる意味で対照的なのが、「ミクロアプローチ」である。ユーザー一人ひとりに着目し、それぞれが抱えるミクロな潜在ニーズを読み解き、そのソリューションとなる事業を構想する。ここでは、彼らが何を通じて商品やブランドを認知し、関心をもち、購入意欲をもち、購買や登録などに至るのかという道すじ、つまりカスタマージャーニーを精査して、ユーザーが感じる不満を特定、そこから潜在ニーズを明らかにすることが肝だ。

　自動車配車サービスのウーバーはミクロアプローチの産物だ。サンフラン

図表2-4　新規事業開発の2つのアプローチ

Ⓐ マクロアプローチ

外部環境／業界動向等のマクロなトレンド情報を集約し、条件に該当する事業を絞り込むアプローチ
・政策／経済／社会／技術の動向から、将来を予測
　－各国当局の政策・規制ロードマップ
　－海外競合の技術マッピング等
・既存の業界構造／市場性から、業界の魅力度を判断
　－市場の寡占度／代替サービスの出現
　－市場規模・予想成長率と利益水準等

Ⓑ ミクロアプローチ

個別ユーザーの抱えるミクロな潜在ニーズを読み解き、解決策（ソリューション）として有望な事業を発想／構想する
・実際のカスタマージャーニーを精査し、「フリクション」を特定
　－ユーザーが感じる不満（ペインポイント）
　－明確に意識されていない潜在ニーズ

（出所）　BCG調査

シスコの路上でタクシーをつかまえられなかった創業者2人のユーザー体験をもとに構想された。結果、ウーバーは世界のタクシー市場を揺さぶるインパクトをもたらした。彼らはタクシー業界のトレンド分析などしなかった。ユーザーが不便に思っていることを解決する事業をかたちにし、新たなニーズを掘り起こしたのである。

　BCGのプロジェクトでは、「ハイブリッドアプローチ」を活用することも多い（図表2-5）。デジタル技術を活用し、新事業検討ステップの前段でマクロ、後段でミクロと、2つのアプローチを使い分けるアプローチだ。具体的には、次のようなプロセスを踏む。まずはマクロアプローチの強みを生かし、有望な新規事業領域（ターゲットや業界）の絞込みを行う。たとえば、国内人口動態と政府対応方針をシナリオ化すると、各業界の売上げや収益性の予測から、成長領域、高収益領域を特定できる。そこから参入障壁なども考慮しながら、「介護事業と医薬事業が有望である」などと絞り込んでいく。これにより、一定以上のマスターゲットが担保される。

　そしてミクロアプローチによる検討に進む。既存ユーザーに生じているフリクション（混乱や矛盾）を特定し、解決策を具体的に構想していく。未発

見のフリクションを特定できれば、その解決策も新規性のあるものになる可能性は高い。

　ミクロアプローチにおいては、顧客を徹底的に深掘りして根底にあるニーズを理解することがきわめて重要になる。それによって現状とあるべき姿のギャップ（ペインポイント）を特定し、それを取り除く策を考えることで、新たなビジネスを生み出していく。そのためには、顧客自身も気づいていない潜在的ニーズに到達する必要がある。

　ここで使われるのが、「エスノグラフィックリサーチ」と呼ばれる手法だ。もともと文化人類学における研究手法の1つで、観察対象の生活のなかに入り込み、観察対象自身気がついていない潜在的ニーズを探ることをねらいとする。私たちのプロジェクトで行うことも同じだ。それこそ24時間365日生活に密着し続けることもあるのだが、徹底的にユーザーと対話し、観察することで、ペインポイントを発見する。そこで得た情報をすべて書き出して、対象者が抱えている問題を抽出する。

　コンセプト化にあたっては「デザインシンキング」を活用する。ペインポイントへの解決策をラフスケッチで描き出し、コンセプトテストを経てスピーディにブラッシュアップしていく。時間をかけず具体的なソリューションのプロトタイプをつくってしまい、それをもとにまた議論を重ねる。こうすることで、アイデアの進化・改良が加速する。エスノグラフィックリサーチとデザインシンキングの両輪により、新ビジネス創出を高速化することができる（図表2-6）。

　保険業界においても、こうしたアプローチを適用できる。たとえば、保険金／給付金の受取り1つとっても、少なからずペインポイントが隠れているはずだ。たとえば、がん保険の給付金は従来、診断されたとき、手術したときなどに一時金というかたちで支払われてきた。病院で治療内容を証明する書類を作成してもらい、その書類を保険会社に郵送し、保険会社による支払査定を経てはじめて入金される。入金までにはタイムラグがあるため自身で入院費用を用立てなければならないし、手続を煩雑に感じているユーザーも

図表2−5　ハイブリッドアプローチの進展

> STEP1：領域の絞込み

マクロアプローチの強みを生かし、有望な新規事業領域（ターゲットセグメント／業界業種）の絞込みまでを実施

〈検討内容（例）〉

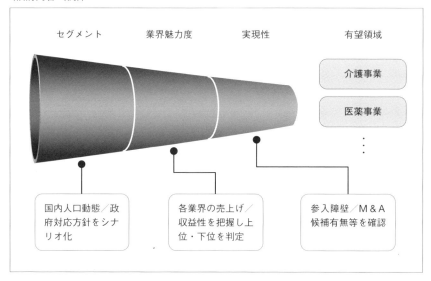

〈ねらい／役割〉

大枠の妥当性確保／検討プロセスの蛇行回避
・一定以上のマスターゲットをもつ大規模事業へのメド
・網羅的で、結論導出の確実性が高いプロセス

（出所）　BCGプロジェクト

いるに違いない。デジタル技術を導入し、病院と提携することができれば、病院での治療費の決済と同時に自動精算することも理論的には可能だ。かかった費用との差額が入金／支払対象となる。

　アプリを使うのもつくるのも簡単になったいま、顧客体験を一段レベルの

> STEP2：サービス具体化

ミクロアプローチへ検討を引き継ぎ、STEP1で特定した有望領域について、ユーザーニーズに基づき具体サービスを設計

〈検討内容（例）〉

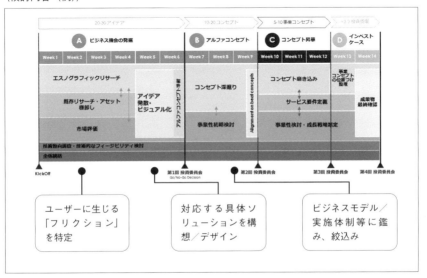

〈ねらい／役割〉

サービスインへの道すじ確保／競合優位性に向けた差別化
・サービス詳細／オペレーションまで落とし込んだ具体性
・未発見フリクションに基づくソリューションの新規性

高いものにするため、まずはどこにペインポイントがあるか見定めなくてはならない。それに対して技術を投入、ソリューションを提供することが、より容易にスピーディにできる環境はすでに整っている。

　ミクロアプローチにおいては、構想された複数のソリューション案を絞り

2章　デジタル時代における顧客の理解　　45

図表2-6　エスノグラフィックリサーチ

エスノグラフィックリサーチ	デザインシンキング
徹底的にユーザーと対話し、観察することで、ペインポイント／アンメットニーズを発見	ペインポイントへの解決策をラフスケッチで描き出し、コンセプトテストを経て素早くブラッシュアップ
・ターゲットユーザーに応じたインタビュー方法を設計 ・インタビューは対象者の自宅等で行い、発言内容以外の行動習慣、生活様式をインプットする ・情報をすべて書き出し、対象者の抱える問題を抽出する	・フォーカスするペインポイントを見極める ・ソリューションアイデアをラフスケッチに落とす ・ラフスケッチを用いてコンセプトテストを行い、ペインポイントを磨き込み、アイデアを進化／改良させる

(出所)　BCGプロジェクト

込み、最終的にリリースするサービスを特定していく。もちろん「一発必中」はむずかしい。だが、投資規模も少なくすむため、複数のソリューションでポートフォリオを組み、成功の期待値を引き上げる手法が使える。高リスクな事業か低リスクな事業か、既存事業と親和的かそうでないかといった軸でポートフォリオを組み、成功確率を引き上げていく。要するに、テクノロジーを用いて、小さくトライアンドエラーを積み重ねていくことで、成功確率を高めていく戦略である。

　フィンテック、インステックなど、ベンチャー企業から生まれるイノベーションに匹敵する商品やサービスを開発するには、顧客への理解を中心に据え、失敗をおそれずに経験から学ぶことが必要だ。これまで大企業がトライアンドエラーを避けてきたのは、失敗にコストがかかりすぎたためだ。しかし、新たな技術が指数関数的な進歩を遂げ、小さく安く、失敗することができるようになってきている。デジタル技術をもってビジネスを変革するため

のハードルは、もう十分に下がっているのだ。

> **コラム　市場調査（アンケート・インタビュー）のテクニック**
>
> 　情報収集の有効な手段の1つが、アンケートやインタビューを活用した市場調査だ。市場や現場の生の声を直接吸い上げられる有効な手段で、まだ世の中にない情報や、具体的な一次情報がほしいときに使われる。これらの市場調査からは、提起されていた問題の答えが情報の塊となって導き出される。その過程では机上の調査のなかでは想定していなかった実態を垣間みることも多く、インサイトやイノベーションを導き出す源泉となることもある。対面インタビューにおいて、顧客とたった5分間話しただけで、サービスにおける改善策や商品開発のアイデアを獲得した例もある。
>
> 　しかし、市場調査には陥りやすい失敗がある。たとえば、顧客インタビューのコメントが「安くて良い保険がほしい」など当たり前すぎて「面白味」に欠ける、膨大な回答が集まり、どこから何を分析すればよいかわからない、分析結果が出た後、肝心なデータが不足していることに気づく…などだ。
>
> 　失敗の原因はおおよそ同じで、「明確な仮説の構築ができていない、明確に検証ポイントを絞り込んでいない」こと、および「設問の深さが不十分」なことにある。
>
> 　まずは仮説の構築。たとえば、「A保険に対する意見はBという結果が予測できる。Bの場合、顧客はDを期待しているだろう。であれば、改善の施策はEとFで良いはずだ」——このようにインタビューのやりとりを想像することで、インタビュー時の顧客コメントに流されずに仮説を進化させながら聞き続けられる。アンケートの場合も同様で、事前に「もしこんなデータがあれば、こんな結論がいえるだろう」「このタイプとこのタイプの見極めに必要なポイントはこれ」というような仮説があれば、必要な情報とアンケートに盛り込む質問もより明確化できる。
>
> 　インタビューでは、回答内容の具体性を高め、さらに深掘りできるテクニックがある。まず、事実と意見を切り分ける。「What（何）」のあと「Who（だれが）」「When（いつ）」「Where（どこで）」といった質問を投げ

かけることで、事実をより具体化／明確化していく。抽象的な意見に対しては具体的な例をあげてもらい、答えに対して「Why（なぜ）」の質問を繰り返す。定量的な情報を聞き出す場合には、仮説を具体的に論議できる要素まで分解する。売上高なら「売上高＝来客数×成約率×単価」のように因数分解し、ポイントとなりそうな要素を深掘りする。正確な数値が入手できない定量的な情報を聞き出す場合には、基準となる「相場感」をあらかじめ調査しておき、それとの比較を通じて推定レンジの幅をできるだけ絞り込む。さらに、アンケートとインタビューを組み合わせて、数字の裏にある深層心理や実態を理解することも可能だ。

　いずれにせよ、市場調査で最も重要なのは「検証する目的はいったい何なのか」を常に意識し、たえず頭で「Why（なぜ）」と自問する心構えである。

3章

商品／サービス・ビジネスモデルの革新

① デジタル戦略構築

② デジタル時代における顧客の理解

③ 商品／サービス・ビジネスモデルの革新

④ チャネル・顧客接点の革新

⑤ オペレーションの革新

⑥ IT基盤の最適化、デジタル組織能力醸成

保険業の本質はリスクを読み取る能力である。保険数理などの統計を駆使した保険会社のリスク管理の手法は100年以上かけて確立されてきた。だが、従来のパラダイムでのデータは、顧客のリスクを見極めるうえでは量と質の両面で十分とはいえなかった。というのも、保険会社は、契約時点における顧客情報については詳細にわたり入手できる一方で、顧客との接触頻度は低く、銀行や証券等他の金融機関が把握しているような顧客の日々の行動をめぐる動的なデータを自動的に入手できる状況にはない。だが、デジタルテクノロジーによってこの状況が大きく変わる兆候が出てきている。

　ソーシャルメディア、GPS、ウェアラブル機器などの普及により、活用できるデータは質・量ともに飛躍的に向上し、粒度も細かくなった。データを分析する高度なツールや手法も開発されている。新たなデータ活用の手法により、保険会社はリスクをより細かく正確に捕捉できるようになる可能性が出てきたのだ。

　保険業の根源にかかわるこの進化のインパクトは非常に大きく、商品・サービスを超えてビジネスモデル自体の変革が促される可能性もある。この分野ではさまざまな可能性が議論され、パイロットを行う企業も多い。だが、外部との大規模な提携が必要なことも多く、いまのところ明確なロードマップを描くのがむずかしい。さまざまな事業機会に投資しつつ、長期的な視点で取り組むべき分野だといえる。この章では、商品／サービス・ビジネスモデルの革新にどのような方向性が考えられるか、分野ごとに概観する。

生命保険の商品・サービス領域では何が起きるか

　まず、生命保険においてデータ活用による変革が起こりうるテーマを整理してみよう（図表3－1）。
① 　医療・健康データを活用した新商品開発
② 　提案精度の向上によるアップセル・クロスセル高度化／引受査定の自動化
　　データ分析を通じた顧客理解の向上により可能になる。

③ 高額請求・不正請求の自動検知／支払査定の自動化

　ビッグデータによる分析で不正請求の特定が可能になる。IoT機器を介して顧客の行動に関するデータを取得、そこから不正と疑われる行動パターンを検出したり、過去の請求データ、治療データ等から不正を予測するモデルを構築したり、といった試みが考えられる。

④ 流出リスクの「見える化」による失効解約率の抑制

　契約の満期時や保全手続時に、他の保険会社に流出するリスクを事前に「見える化」し、予防策を講じる。

⑤ 外部データを活用した新商品・サービスの開発

⑥ 外部サービスを活用した契約者向けプログラムの開発

　健康管理アプリ、運転アドバイスなど、保険そのものではないが、付加サービスとして期待されるものがある。

⑦ 統合カスタマーデータに基づくオペレーションモデルの構築

　顧客データの一元化を前提に事務オペレーションを高度化・自動化する。

　ここでは、「医療・健康データを活用した新商品開発」「外部データを活用した新商品・サービスの開発」「外部サービスを活用した契約者向けプログラムの開発」を例に、詳しく解説したい。

医療・健康データを活用した新商品開発

　従来は、「病気になると」あるいは「異常があると」保険には入れない、といわれていた。これは、「相互扶助」という概念からすれば、無理もないことだといえる。発生リスクがそれぞれ違う人を同じ「相互」のプールに入れるのは不公平だという議論である。しかし一方、その「常識」のため保険に入りたいのに入れない人が発生するのも事実だ。そのため一部では、「保険は入りたい人が入れない、保険会社にとって都合がいいだけの商品」ともいわれた。

図表3－1　デジタルを活用したビジネスモデル変革が考えられる領域（生命保険）

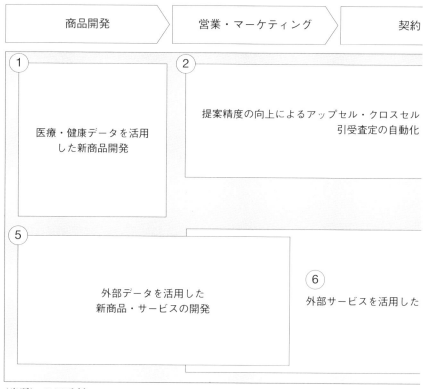

(出所)　BCG分析

　しかし検査技術、診断技術、センシング技術の進化により、これまでにない水準でデータを収集、分析することが可能になった。そのデータを活用することで、これまで引受ができなかった人をカバーするための保険が生まれた。キーワードは業界用語でいう「リスク細分化」である。

　この10～15年の間で最も大きく進化した保険会社の組織能力の1つはリスク細分化に伴うプライシング（価格設定）力だろう。保険の「業界用語」に「収支相等の原則」がある。保険会社の保険料や投資収益などの「収」入と、保険金や事業費などの「支」出は、「相等」しくなる、という保険料算

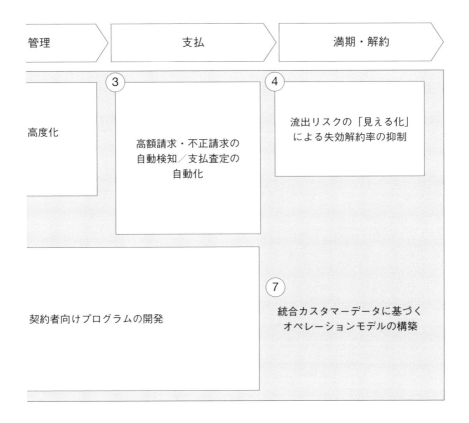

出の基本的な原則だ。ポイントは、将来の不確実性を「どこまで」考慮して将来の支出を見込むか、「どの単位で」収支相等を図るかである。

「どこまで」の部分で検討すべきはまず予定利率だろう。現在でも多くの商品で、どれほど保険契約が長期になろうと、価格の前提となる予定利率は一定である。契約期間中、何の調整もしなければ、保険会社は逆鞘のリスク、顧客も利回りアップの機会の逸失などのデメリットがある。

「どの単位で」というポイントに関しては、かつては、性別×年齢という単位が前提であったが、1990年代、「健康状態の良い顧客」という新たな区

分が生まれた。「同じプールに入っている人のなかでも、特にリスクが小さい人を分ける」動きである。当初は、喫煙・非喫煙という基準だけであったが、近年では身長・体重や血圧なども基準になる。ゴールド免許保有者向けの割引や、非喫煙者割引、健康体割引、走行距離に応じた保険料を設定する自動車保険もこの範疇に入る。これは、市場全体の顧客のうち、「低価格」を訴求して幅広いターゲット顧客を獲得しようとした結果の進化である。

しかし、このように「細分化」していくと「どこまで細分化するべきなのか」という疑問が生じてくる。本当の公平性というのはどのレベルなのだろうか、という問いである。厳密にいえば、一人ひとりでリスクは異なる。それを相互というプールに入れている以上、ある程度のばらつきはどうしても生じる。それをゼロにすることは、逆に保険本来の役割を失うことにつながる。また、この細分化が進化し過ぎると、ハイリスクとみなされてしまう顧客は保険に入れない、あるいは膨大な保険料が必要になるということも考えられる。このセグメンテーションは非常にむずかしい。

一方で、リスク判断が、本当に適切かという論点もある。引受基準にしても各保険会社によって異なるし、特別条件などのつき方もまちまちである。生命保険においては、血圧やコレステロール値の基準、火災保険においては、建物の構造など、いま使っている基準による判断が本当に正しいかどうかはだれにも証明できないのである。

ここにメスを入れるものが、医療技術を含むテクノロジーとビッグデータ（アドバンスト・データアナリティクス）である。テクノロジーにより、的確なリスク評価の要素となるデータを取得できるようになりつつある。さらに、現在、甚だしい勢いで、事象のデータ化が進んでいる。そのデータを活用したリスク評価も今後さらに進化していくだろう。

健康／医療データを活用したリスクベースドプライシングで例を示そう（図表3-2）。横軸は、健康上のリスクの高低、縦軸は保険料の高低を表している。従来、健康上のリスクが高すぎる層は、保険に加入できなかった。かといって、リスクベースでの価格設定は限定的で、健康上のリスクが高い

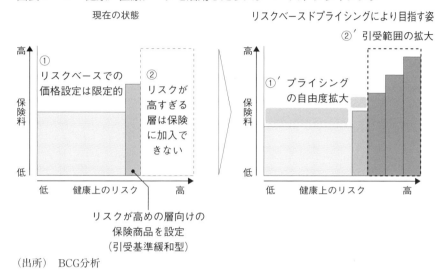

図表3－2　健康／医療データを活用したリスクベースドプライシング

（出所）　BCG分析

人・低い人どちらも、支払う保険料に大きな差は生じなかった。なるほど、喫煙者と非喫煙者では健康リスクに違いがある。しかし、それをプライシングにどう反映するべきか、データが十分でないためによくわからなかったのである。

　しかし今後、各種のウェアラブルデバイスが普及すれば、格段に詳細な健康データを取得できるようになる。すると、健康リスクに応じてよりダイナミックなプライシングが可能になるのだ。それこそ、保険料が毎月、毎日変わるような設定もありえる。たとえば、「昨日と今日とでは、疲れ方が違う」、これもプライシングに反映されるのだ。

　また一方では、これまで引受ができなかったセグメントの引受ができるようになる。病歴がある、必ずしも健康状態がよくないなど、既存の保険には入れなかった顧客をターゲットにした価格設定が可能になるからだ。「健康リスクは高いが、こうした条件であれば引受可能」などと、条件付きで引受範囲の拡大が進むということだ。「保険に入れる」ことが訴求ポイントで、

価格は通常よりも割高になる。最近では、過去にがんを患った人でも入れるがん保険も登場している。これまで保険会社はリスクを引き受けることが主機能であり、「金融機関」に括られることがほとんどだったが、データの活用がさらに進めば、近い将来、「情報」や「テクノロジー」の業界の仲間、といわれる時代がやってくるかもしれない。

プライシングは顧客へのメッセージだ。保険料の「原価」を開示した保険会社がある。プライシングの透明性を高め、顧客の保険会社および商品に対する感情面の価値に影響を与えている。また、共済型商品にみられる、性別・年齢の区分が少なく、かつ切りのよい保険料も、商品の機能というよりは、顧客からみた「わかりやすさ」に重きを置いた価格設定手法だといえる。

今後は、長期保有を促す仕組みが重要になるだろう。これまでは「売ること」を主眼にプライシングを行っていたが、これからはデジタルの力も借りて顧客との接点を保つことで、満足度やロイヤリティを高め、長きにわたり契約を（適宜見直しはするものの）維持してもらうことに主眼が移る。プライシングもその目的にあわせて変化すると予想される。たとえば、初期費用を解約時の後払いにし、保険契約の保有期間の長さに応じて軽減するなど、工夫をこらしたプライシングも広がっていくと考えられる。

外部データを活用した新商品・サービスの開発

医療保険分野では、ライフログデータの活用もおおいに期待されるところだ。ライフログとは、個人の生活を長期間にわたりデジタルデータとして記録すること、またその記録データそのもののことをいう。

ライフログには、自分で操作して記録する手動記録と、デバイスにより自動的に記録される自動記録がある。手動記録の場合は詳細で自由度の高い記録が可能で、ブログやメモなどのかたちで個人の主観的意見を記録に盛り込むことができるが、記録負担は大きい。後者の自動記録は、ウェアラブルデバイスを装着して各種データを常時記録するというもの。個人の記録負担は小さいが、これまでは技術的な制約から、取得されるデータが限定されてい

た。

　それが、ここにきて技術的なブレークスルーが生まれつつある。たとえば、健康に関するライフログ。昨今、体重・運動・食事など体の状態や生活習慣を測定・記録するビジネスが盛り上がりをみせている。

　実は、2008年の特定健診・特定保健指導の開始をきっかけに、体重や食事、運動等をウェブなどに入力する従来型の健康管理サービスにはさまざまな業種が参入したが、市場はそこまで広がりをみせなかった。

　しかし、2014年前後を境に、状況が変わってきている。情報処理容量の大きいスマートフォンが普及し、また、目的が体重管理等から睡眠状態、生理周期、ランニング等活動の記録・管理へと多岐に広がり、ファッショナブルなウェアラブル端末等が投入されたことも後押しとなり、若年層をはじめとした新たな層に利用が拡大している。

　もしライフログが保険設計に使えるようになると、何が起きるだろう。たとえば、アプリで、個人のいた場所と時間、行動の記録をデータとして残し、そのデータをもとにその個人の（生活に関連する）リスク量が測れれば、個人単位の保険料設定の設計ができるようになる。保険料が、性別や職業、保険金額と保険金といった画一的なものではなく、その人の価値観、過去の経験により計算されるようになるのだ。

　たとえば、ライフログが格納されているスマートフォンを、保険会社が指定する端末機器にかざすだけで、その人のための保険が設計される、といった具体的なサービスをイメージすることも可能だ。実際、他業種ではすでにライフログによるデータ解析をビジネスにつなげる試みが実用化され始めている。アマゾン等のEC事業者の基本思想は「データは神様」。検索ログを通じたリコメンデーションの精度向上が事業のKSF（成功要因）となっている。飲料事業者は、電子マネーのIDと自販機のPOSデータを活用して顧客特性を理解し、商品開発や販促の向上につなげている。航空事業者では、ホテル予約サイトに対して、自社のIDでログインすることで、属性情報を顧客誘導・送客に活用し、成約率を高める（離脱率を低める）施策を実施して

いる。

　ここでは、意味のあるライフログデータを効率的に収集すること、そしてそれを解析する技術を組織として高めていけるかがカギになる。前者のライフログデータについては他業界との積極的なアライアンス、後者についてはこれまでにないデータ解析の専門性を高めることが求められる。

外部サービスを活用した契約者向けプログラムの開発

　日本の公的健康保険制度、そして医療制度自体は世界に類をみないほど質が高いといわれる。にもかかわらず、民間の医療保険の市場規模も世界でも有数な大きさを誇るのが日本市場の特徴だ。普通に考えれば、高額医療費制度なども整っており、公的な健康保険で十分に将来の不安は解消されるように思える。健康保険制度の財政悪化から、公的制度だけに頼るのは心もとないという要素を差し引いても、民間の医療保険の規模、あるいは浸透率（保険購入者の割合）は高い。民間の医療保険も国民皆保険ではないかと疑うほどである。

　これまで、民間の医療保険は、入院したらいくら、手術したらいくら、通院したらいくらという医療行為に対する保障というかたちで発展してきた。最近では高度先進医療に対して保障を広げた商品なども登場し、一定の枠内ではたしかに医療保険も進化している。しかし、このような、「事故が発生」した人だけが保障の対象となる商品にとどまっていていいのだろうか。そのような問題意識から、民間の保険会社が、健康保険制度にかわるような医療サービスを生み出していく可能性もある。

　1つのベクトルは「予防」である。海外の事例では、保険加入者のために健康維持プログラムを提供し、健康状態から、日々の歩数やフィットネスクラブでのエクササイズの頻度や長さまでさまざまなデータをモニタリングし、より健康な人には保険料の割引などを行うサービスが登場している。あるいは、その健康状態に応じて、対処策をアドバイスする「ディジーズ（疾病）・マネジメント」のようなサービスまで提供している例もある。1章で紹介した、オスカーも1例だ。これも、各種ウェアラブル機器等から取得し

た、加入者の健康データがあってこそである。

　このようなサービスを提供することにより、保険会社は、「何か起こった後の保障」だけではなく、「起こらないよう努力するモチベーション」も提供できるようになるのだ。

　もう1つのベクトルが、QOL（Quality of Life）の向上である。これまでの保険では、事故が起こったことに対する保障はされるが、その何かが起こった後の状況を改善させることにはあまり貢献できていない。

　たとえば、心臓病の手術を受けた患者がいるとする。もちろん手術の質もその後の回復の状況に大きく影響を与えるが、手術後に適切なタイミングで適切なリハビリテーションが行われたかどうかが、その後の再入院率や、QOLを左右するという医学的な証明もある。

　事故そのものに対するサービスが主体であった保険会社が、予防や発生後の生活についてまで関与することにより、さらに顧客の健康に対する不安に対し、高度な満足を与えることができるのではないか。これを医療機関、医療機器メーカー、製薬会社など医療関連の会社の仕事と考えるか、保険会社としてその任を担うかは考え方次第だ。

自動車保険・火災保険におけるデータ活用の方向性

　同様に、自動車保険、火災保険等損保分野においても、さまざまな方向性が検討できる。

自動車保険

　自動車技術の進化で、まず注目すべきは「運転データ」をめぐる動きである。自動車メーカー各社は、車に設置するブラックボックスやドライブレコーダー、また、カーナビからのインターネット通信などを用いて運転情報を収集し、付加価値の高いサービスに活用することに注力している。その運転情報を保険に活用した商品が「テレマティクス保険」である。テレマティクスとは、テレコミュニケーション（通信）とインフォマティクス（情報科学）を組み合わせた造語であるが、走行距離や運転特性（アクセルのふかし

方・ブレーキのかけ方など）といった運転者ごとの運転情報を取得・分析し、その情報をもとに保険料を算出する仕組みを構築する。

　すでにアメリカでは新規の自動車保険契約の１〜２割がこのテレマティクス保険になっているといわれる。保険の価格体系が異なる日本での適用可能性には議論があるが、運転情報提供により保険・中古車下取りなどの価格にメリットがあれば、ユーザーは喜んでこれらのサービスを活用するだろう。さらにこの情報に運転アドバイスや走りのカスタマイズを組み合わせれば、燃費がどんどん良くなるようなサービスも提供可能だ。

　さらに、見逃してはならない中長期の自動車技術動向の１つが「自動運転」だ。すでに自動車メーカー、テクノロジー企業や当局などが実用化に向けて動き出している。BCGでは、１つのシナリオとして、今後10年以内に自動運転車が公道を走行するようになり、2035年には世界の新車販売台数（乗用車）のうち、23％が（緊急時の対応も含めドライバーが関与しない）レベル４・レベル５の自動運転車となると予測している。ただし、完全自動運転車が公道を走行するようになるには、法的責任やサイバーセキュリティの問題など、クリアすべき課題も多い。

　実現可能性については議論が分かれるところだが、完全自動運転車のみが公道を走る世の中が実現すれば、自動車事故の発生確率は大幅に低下し、自動車保険の価値は大きく低減されざるをえないだろう。一方で、自動化された自動車そのものの故障事故など、新たなリスク（＝保険会社にとっての事業機会）の出現も見込める。しかし、既存の保険会社が本当に考えなければならないリスクは、自動車そのもののあり方の変化に伴い、自動車メーカー自身が保険の提供に参入してくることかもしれない。

火災保険

　火災保険の歴史は古い。近代的な火災保険はイギリスが発祥の地とされ、1666年に起こった大火災、ロンドン大火がきっかけだったと伝えられている。パン屋のかまどから燃え広がったこの大火は４日間燃え続け、ロンドン市内の85％の家屋が焼失した。この時に考案されたのが、近代的な火災保険

の原型となるものであった。その後の産業革命の波とともに火災保険の重要性は高まっていった。日本では1887年に日本初の火災保険会社が設立され、いまでは広く一般の住居や商業施設をカバーしている。

現代では、建物の耐火性能向上や、都市機能の進歩により、かつてのロンドンや江戸の大火のような大火災が発生する可能性はきわめて低いと考えてよい。だが、2016年の日本全国での火災発生件数は年間3万6,831件にのぼり、1日当り約101件もの火災が発生している計算となる。今日においても、火災保険に加入する意義は決して失われていない。

こうした火災保険においても、自動車保険と同様、技術の進化を無視できない。IT技術を活用した、人間がより快適に住める住居を「スマートハウス」と呼ぶ。狭義では、家庭内のエネルギー消費が最適に制御／モニターされている住宅のことを指すことが多いが、制御の対象はエネルギー消費に限らない。BCGの研究チームは、2020年までに家庭にあるほとんどすべての機器が、モニター可能なデータを生成できるようになると予測している。火災事故にかかわるさまざまなリスクを認識・制御する技術が進化し、そうした技術を実用化したスマートハウスの普及が進めば、火災の発生確率が格段に下がることも十分に想定され、保険のあり方も大幅な方向転換を余儀なくさせられるだろう。現在でも、オール電化や太陽光発電システムを導入する家庭では、それぞれに保険料の割引を適用できるケースがある。

概念としてのスマートハウスの延長には、スマートシティ構想がある。スマートシティとは、ITやネットワークの力で都市の低炭素化を目指すとともに、都市の機能・サービスレベルを向上させる取組みである。環境・エネルギー、交通・安全などの課題に応えるスマートシティは、国内外ですでに、先駆的な取組みがみられ、都市化の進行に対応するかたちで、世界的な動きとして加速化する見立てが強い。その際、火災だけの細分化されたリスクだけでは、利用者の本質的なニーズに応えられない可能性が高い。

スマートハウスやスマートシティ等、モニタリング／制御されている空間においては、膨大なデータの解析・解釈をめぐる覇権をとれるかどうかが競

争優位を大きく規定する。住宅メーカー、エネルギー企業、家電メーカーや都市管理にかかわる企業は、保険会社以上に事故関連データにアクセスしやすい立場にある。データの真の意味を理解するために、人口構造、行動パターン、家庭のインフラなど異なる種類のデータが必要となることから、他業界の企業とパートナーシップを結ぶ必要もあるだろう。

アライアンスを活用し、分析技術向上に向けた布石を打つ

　デジタル化を通じた商品・サービス革新の領域では、多くの企業が多様な分野でパイロットを行っているものの、現時点で明確な成功事例は数少ない。さまざまな可能性を秘めたデータ活用を自社の競争優位性とするためには、いまどのような手を打っておくべきであろうか。

　アライアンスの活用

　第一に、データ獲得に向けた異業種とのアライアンスの活用があげられる。そもそも顧客接点の頻度で劣る保険会社が単独で集められるデータの質と量は限られている。センサー技術をもったテクノロジー企業、顧客接点をもち、比較的容易に顧客データを入手できる小売や通信会社、医療データの蓄積があるベンチャー企業等、さまざまなアライアンスの可能性を模索して、他社に対して優位なポジションを構築することがカギとなる。他業界のプレーヤーと「データ・エコシステム（生態系）」を構築し、データを効果的に連携させることが、変化を下支えしていくことになるだろう。

　企業間のアライアンスをうまく活用すれば、資本面での縛りを最小化しつつ、企業同士が対等な関係を維持したうえで、柔軟かつスピード感をもって互いの戦略を補完することができる。今後はさらにダイナミックに提携を活用していくこと、そのための組織能力の強化が必要になるのではないだろうか。

　その大きな要因の1つは、1章で述べたように、保険業界では、バリューチェーンが解体・再構築されるスタック化がよりいっそう進展していくと予

想されることだ。たとえば、近い将来自動車メーカーが車の走行データを容易に取得できるようになると考えられているが、その際、メーカーとどうアライアンスを組んでおけるかは、戦略上、非常に重要な課題となる。また、ウェアラブル技術の進展により、ヒトの日常行動や医療行為に必要なデータがリアルに容易に取得できるようになる可能性も高い。医療保険の競争力を高めるためには、医療機関や健康保険組合との間で適切なアライアンスを通じてデータを共有することが効果的である。

　これらはいずれも業界の垣根や国境を越えた動きとなる。最も旨味のある戦略的な提携関係を構築するには、いち早く行動し、アライアンス実施に向けた評価プロセスに先鞭をつけることが肝要だ。これに成功すれば、持続的な収益力と競合優位性が獲得できる。

　アライアンスを成功させるための要件は何か。第一に、パートナー候補の探索の仕組みである。M&Aでは投資銀行などからの持込み案件もありうるが、アライアンスにはそれはない。自社が業界を越え、国境を越えて、戦略的な提携の可能性に対してアンテナを高く張っていくことなしには、効果的なパートナーを見出すことができない。探索の仕組みを常日頃から持ち合わせておけば、仮に1社から申入れがあった際に、さらに複数社とのパートナリングを提示することで機会を最大化することも可能になる。

　第二に、アライアンスの具体化に向けた周到な準備である。パートナー候補企業との間で、困難な課題についての解決策を検討するとともに、「価値創出」「パートナー間の公平性」「将来の成長のための位置づけ」という観点から、合意内容が妥当かを確認しておくことが不可欠である。さらに成否を分ける重要な要素を特定し、事前に十分にシミュレーションをしておくことが求められる。

　第三に、機会を最大限活用するための、学習プロセスの高度化である。アライアンスは対等な関係だけに、お互いからどれだけ学ぶことができるかがポイントになる。学ぶ技術が十分でないと、パートナーに自社の強みを吸い取られるだけで、こちらは何も得られないリスクもある。M&Aと同様に戦

略的な提携に秀でた人材を社内にどれだけ育成できるかがカギとなる。

データ分析技術の向上

単にデータを入手しただけでは、有用なインサイト（洞察）を導出できない。そのためには、生データに下ごしらえを施して整え、各領域における専門家チームを設置する必要がある。

データを扱うときはまず「関連づけ」して獲得する必要がある。同じデータが複数のデータベースに分かれて保管されていたり、それらが個別のIDでつながっていなかったり、商品マスターがつながっていなかったりと、データがバラバラになっていることが多い。これを統合するには、顧客一人ひとりに個別のIDを付与したうえで、フォーマットやルールを決めて、部門横断的に活用できる統合的なデータベースをつくる作業が必要になる（図表３−３）。これが実現すれば、これまで顧客がどのような保険契約をも

図表３−３　顧客データの一元化：イメージ全体像

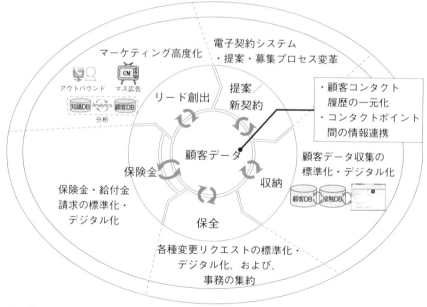

（出所）　BCGプロジェクト

ち、これまでだれがどのようなコンタクトを行ってきたか、一元的に管理できるようになり、チャネル・顧客接点の革新（4章）にもつながっていく。

　さらに、生のデータから意味のあるデータを抽出し、分析に必要とされるフォーマットにデータを加工する作業も発生する。誤りや欠損を含んだ不完全なデータのクレンジングや、データの変形や集計といった作業である。抽出するとき特に大切なのは、生データにはない情報を付与することである。たとえば自分たちが顧客に対してアクションするために、顧客の活動時間帯を「朝型／昼型／夜型」で分類したい場合、顧客の活動時間はデータ化されているかもしれないが、これを後で朝型／昼型／夜型と特定できるようにするためには、データを集約して、朝型／昼型／夜型と、人間の手でラベリングをしておかないといけない。

　こうして「下ごしらえ」がすむと、ようやく使いやすいかたちにデータが加工され、分析できる状態になる。分析といっても、トライアルが必要だろう。何度か試してみて、商品開発に向けた具体的なアクションにつながる結果が得られてはじめて、「この分類には意味があった」とわかるからだ。データ分析を自動化できるかたちにし、システムに落とし込んでいくのは、それからのこと。システムとして箱を用意する手前で、人間の知識や経験をもとに、「このデータはこんな使い方をすれば価値が生まれる」という筋道をつくることが肝要である。

　BCGがこうしたデータベースの整備や分析をお手伝いする際は、図表3-4に示したような2～3カ月の取組みを行う。この際重要なのは、解決したい課題をわかっている、たとえば保険を売ったことがある人材、システムにどのようなデータが蓄積されているかわかる人材、データをどう加工すればどんな結果が出るか予測できる、データ分析とビジネス両方を理解している人材など、専門スキルをもつメンバーを集めることだ。これらは、既存の保険アクチュアリーに求められるものとは明らかに異なるスキルや能力である。

　いかに専門家を集めたとしても、完璧なものを最初からつくれるはずがな

図表3－4　データ活用プロジェクトの進め方

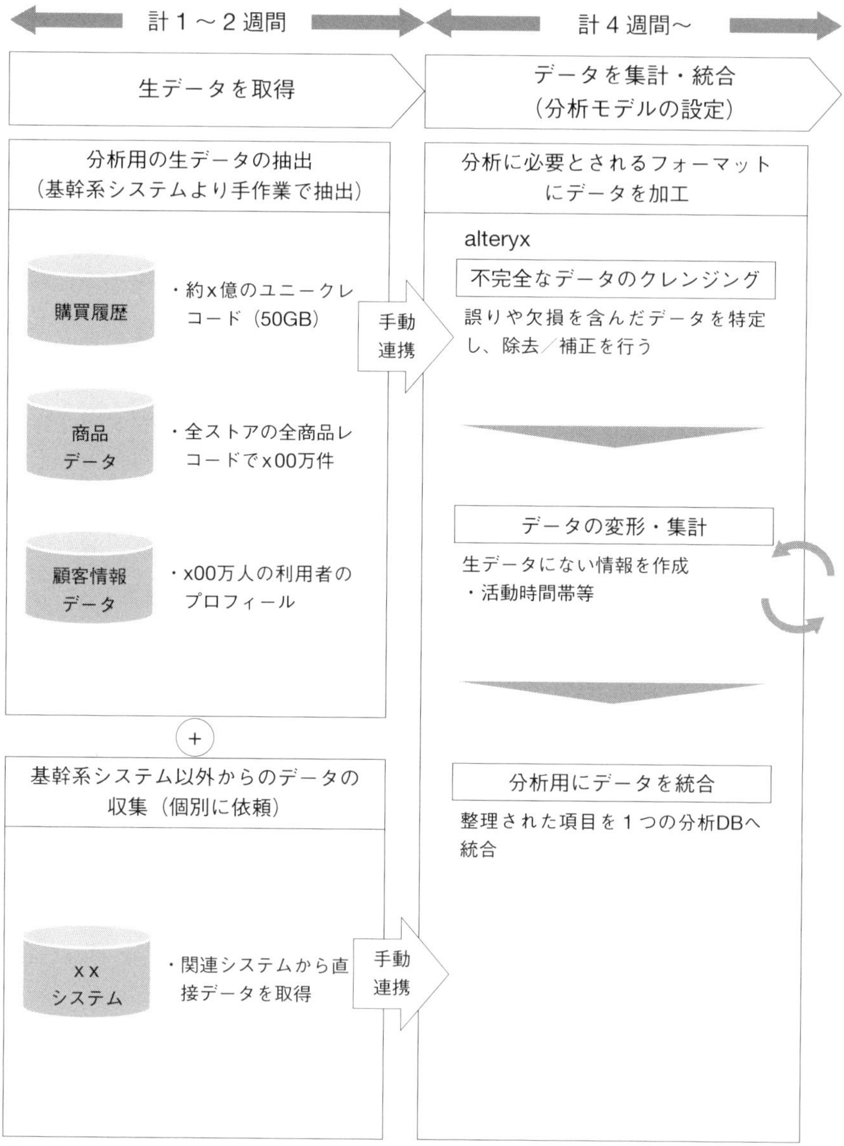

←―― 計1〜2週間 ――→←―― 計4週間〜 ――→

| 生データを取得 | データを集計・統合（分析モデルの設定） |

分析用の生データの抽出
（基幹系システムより手作業で抽出）

- 購買履歴：約x億のユニークレコード（50GB）
- 商品データ：全ストアの全商品レコードでx00万件
- 顧客情報データ：x00万人の利用者のプロフィール

手動連携 →

分析に必要とされるフォーマットにデータを加工

alteryx

不完全なデータのクレンジング
誤りや欠損を含んだデータを特定し、除去／補正を行う

↓

データの変形・集計
生データにない情報を作成
・活動時間帯等

↓

基幹系システム以外からのデータの収集（個別に依頼）

- ××システム：関連システムから直接データを取得

手動連携 →

分析用にデータを統合
整理された項目を1つの分析DBへ統合

（出所）　BCGプロジェクト

◀━━ 計3〜4週間 ━━▶ ◀━━ 計1〜2週間 ━━▶

統計解析（データマイニング）

ネットワーク分析

Cytoscape

つながりの強さを可視化
・数百の切り口で分析

解析結果をみながら、示唆出しのために複数の切り口でデータを再整形

戦略示唆出し／アクション決め

クラスター分析

alteryx

ユーザーを特徴で分類し、クロスセルを訴求できそうな塊に分類
・意味あるクラスター数を10〜50で試算
・分析の軸となる項目の選別も10回以上試行

3章　商品／サービス・ビジネスモデルの革新　67

い。できるところから着手し、徐々にバージョンアップしていく、という進め方をしないと、いつまでもデジタルデータを活用できない、という羽目に陥る。蓄積したデータのなかで、結果が出そうなものから試してみる、そのような積み重ねがまずは求められるだろう。

　データの利活用を自社のコアコンピテンスにできる企業には大きな飛躍の機会がもたらされる一方で、そうでない企業は取り残され、その差が加速度的に開いていく傾向がある。先進企業だけにかかわる動きだと思ってアクションをとらずにいたら、あっという間に業界全体がつくり変えられてしまうということにもなりかねない。

> **コラム**　商品戦略のトレードオフ
>
> 　保険ビジネスにおける商品戦略、というと非常に華やかな仕事、もしくはアイデア勝負の仕事だと考えられがちである。だが、実際は、これらのさまざまなトレードオフを考えながら地道に検討を進める「職人技」が必要な分野である。よく「競争力ある商品さえあれば」という声を保険関係者から聞く。しかし、現実には顧客ニーズをすべて満たす商品を開発することは相当な困難を伴う。
>
> 　商品戦略においては、いくつかのトレードオフをどう打破するかがきわめて重要なポイントとなる。本コラムでは、特に重要となる２つのトレードオフに触れておきたい。
>
> 　第一が収益性とのトレードオフ。商品開発のプロセスのなかで、収益計算が行われ、保険料・給付・販売手数料などが設定される。その際、むずかしいのは、将来変動への対応とコストの見積りである。収益計算は、長期にわたる将来見込みをもって行う。一般的には、期待値＋安全割増という考え方で行われるが、その前提が適切かどうか判断するのはむずかしい。コストも通常、契約単位ベースでのユニットコストを設定し、前提条件として算入する。このユニットコストは、会社の構造や全体としての販売ポートフォリオ、そして将来のインフレや消費税などの税率にも左右されるため、これもむずかしい要素となる。収益性を確保できる、適正な商品価格をはじき出す

には、かなりの熟練が必要だ。

　第二がIT／オペレーションとのトレードオフ。保険業界に限らずどの業界でも、これまでは基本的には、顧客・営業サイド・マーケティングの観点から商品設計がされ、IT／オペレーションは提示された要件に粛々と対応してきた。どれだけコストを抑え効率的に行うか、ということに労力を傾けてきたのだ。実際、これだけテクノロジーが進化しているなかで、どんな要件でもIT／オペレーションの対応は実現可能ではある。ただし、その結果、最近よく聞かれることとして、IT／オペレーションの複雑化により、新たな要素を追加しようとすると、IT／オペレーションの開発で時間もコストも莫大にかかる。結局、妥協点がどこかを判断するかが商品戦略のポイントになる。

　顧客ニーズをすべて満たせるような商品が常時開発できれば素晴らしい。しかし、現実にはトレードオフに対するある程度の妥協が必要となり、それをどれだけうまく調整できるかが、重要な差別化要素となる。

チャネル・顧客接点の革新

2章で触れたように、デジタル化の進展で顧客の行動や考え方は大きく変化している。チャネル・顧客接点の革新はいま最も緊急性の高い課題ではないだろうか。保険会社のチャネル・顧客接点をどう革新するかについて考える前提として、保険チャネルが担ってきた役割の本質から考えてみたい。保険商品を購入しようとする消費者が、どういった行動をとり、その裏にはどのような意図が隠されているのか、代表的なポイントとして次の5つがあげられる。

① 購入のきっかけの多くは将来に対する不安。
② 購入を考えて情報収集を行っている段階では、消費者の大半は自身の保険に関する知識は十分ではない（＝目の前に商品をみせられても自分ですぐ判断ができない）と思う傾向がある。
③ 自分の知識に自信がない分、専門的な意見・助言を求める意思決定プロセス上のニーズが出てくる。
④ 購入の意思決定後、まだ「手続」という、繁雑で負荷を感じるプロセスが必要であり、通常はその後も支払プロセスが長く続く。
⑤ 商品の価値は実際に保険金を受け取るまでは体感しにくく、あるのは目にみえない「安心感」のみである。

　顧客が保険商品の購入前後のプロセスで経験するのは、一般の消費財のような「商品を手に入れる」ことによる満足ではなく、「将来に対する保障（≒現在の不安を取り除くこと）を得る」ことによる安心感だ。これは生命保険でも、自動車保険、医療保険でも同じである。チャネルの役割は、購入のきっかけとなった不安や、不安を感じた理由、**いわば真のニーズをすくいあげ、信頼感を醸成すること**である。
　これらの役割をこれまで果たしてきたのは、保険会社の営業職員チャネルや代理店である。図表4－1に、2000年度からの生命保険のチャネル別新契約保険料（ANPベース）の推計値を掲載した。こうしたチャネルでは、顧客

のリテラシーレベルにあわせて商品性を説明しつつ、フェース・トゥ・フェースのカウンセリングのなかから保険の潜在的なニーズを見出し、「肝となる意思決定の部分についてはだれかに相談したい」というニーズを満たして契約に至るまで伴走し、契約後も顧客接点の軸となってきた。私たちは、保険商品の特徴を考えても、今後も保険にかかわる顧客との接点では、信頼をベースとした人と人の関係がカギを握ることは変わらないと考えている。

しかし、顧客の生活パターンや家族構成は大きく変化している。また、先進的なデジタル企業の高度なサービスに慣れ、顧客は、保険会社に対してもより便利でわかりやすいサービスを求めるようになってきている。世の中の大きな流れがその方向に向かっているのも間違いない。保険会社のデジタル顧客接点に対する消費者の評価が低いのも事実だ。これを前提に保険各社は次の一手を考えなければならない。

まず、顧客接点がどう変わってきたかを整理してみよう。

顧客接点の変化：マルチチャネル／オムニチャネル

30代共働きの夫婦に第一子が誕生し、保険について真剣な検討を始めたとしよう。まずは、オンラインで保険商品の情報を網羅的に収集する。次に乗合代理店の営業担当者と面談し、直接説明を受けて、どの商品にするか決める。しばらくして、オンラインを通じて申込みをする――これは、私たちが顧客にインタビューするなかで、典型的に観察された購買のプロセスだ。

ここでみられる第一の変化は、マルチチャネル化、つまり「**接点のバリエーション**」**の拡大**である。これまで保険会社から顧客に連絡をとるパターンとしては、営業担当によるアクセス、住所変更などの保全手続を担当する部門によるアクセス、そして保険金支払の部門によるアクセスの３つがあり、いずれも対面・電話ないし書面を介して行われていた。こうした手続をウェブ上で完結することが技術的に可能になったことが大きな変化だ。密なコミュニケーションが必要となれば、チャットやスカイプのようなリアルタ

図表4-1　日本の生保市場の新契約保険料推計（ANPベース、チャネル別）

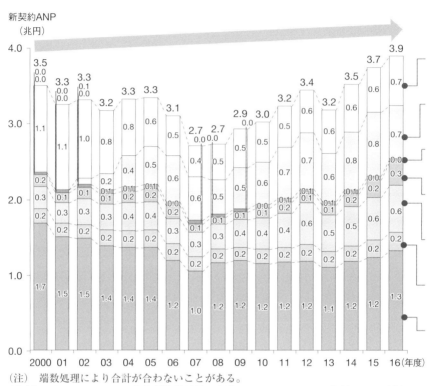

（注）　端数処理により合計が合わないことがある。
（出所）　インシュアランス生命保険統計号、企業ディスクロージャー資料、BCG分析

イムのコミュニケーションが可能なチャネルに切り替えることもできるし、端末も、PCやスマホ、タブレットPCと多様化した。保険会社は、コミュニケーションの難易度や顧客が期待するサービスに応じて、さまざまな接点をもつことを意識しなければならなくなっている。

　第二の変化は、**1つの手続を行うなかでの、顧客のチャネル間の移行のバリエーション拡大**である。顧客は、電話や書面、メール等、さまざまなチャネルから保険会社にアクセスする。そうなると、チャネル間を連携し、オム

セグメント	成長額 (億円)		年平均成長率 (%)	
	'00-'08	'08-'16	'00-'08	'08-'16
郵便局（かんぽ生命）	−6,770	+1,880	−11	+4
金融機関窓販	+4,540	+2,440	—	+6
ダイレクト	+30	−0	+1	−0
乗合代理店（法人向け）	−630	+2,210	−6	+17
乗合代理店（個人向け）	+410	+2,900	+2	+8
ライフプランナー	−190	+630	−1	+4
営業職員	−5,160	+1,590	−4	+2
	−7,760	+11,680	−3	+5

ニチャネル化する必要が出てくる。なかでも、「対面とデジタルをどう連携させるか」は重要なテーマだ。かつてあった「メールで相談した内容が電話口に引き継がれていない」「営業職員に伝えた相談内容が伝わっておらず、コールセンターの担当者に一から伝えなければならなかった」等の問題が、デジタルチャネルとの間でも起きないよう、スムーズな連携を構築しなければならない。

　自分がすでに行ったことが認識されていなかったり、同じ情報を何度も繰

り返し伝えなければならなかったりすると、サービスへの評価は格段に下がる。半面、顧客のニーズを予測し、プロアクティブに対応すれば、顧客にはいい意味でのサプライズとなる。だが、保険商品は、高額で商品性が複雑であるなどの特徴がオムニチャネルでの販売の障害となり、消費者が求めるレベルの対応ができていないのが現状だ。

　こうしたなかで、販売、契約、アフターフォロー、保全、契約更新、支払、解約といった手続ごとに顧客の期待に沿ったサービスチャネルを組み合わせて対応するためには、1つ1つの手続という「点」ではなく、「線」で考えなければならない。つまり、きっかけとなる出来事、「トリガーイベント」から、すべての手続が終わるまで、顧客が何を考え、何を感じて、どう動いたか、そのすべてを基盤に考える必要があるのだ。これを「カスタマージャーニー」という。トリガーは保険金の請求かもしれないし、転居、結婚・離婚、子どもの誕生、昇進や転職がトリガーとなることもある。

　顧客の真の悩みにアプローチし、信頼感を築く、という役割を果たしつつ、カスタマージャーニー全体にわたり顧客に良い意味での驚きを与えるようなチャネル構成・相互連携を構築するにはどのような切り口でアプローチすればよいのだろうか。

　さまざまなアプローチが考えられるが、ここでは2つのアプローチを紹介したい。まずは、比較的手をつけやすい**既存営業チャネルの再構築**である。これは、自社の営業モデルを確立し、デジタルの力も活用して営業チャネル本来の強みを引き出す取組みだ。さらに、より多層的・効果的に顧客にアプローチし、デジタル先進企業に匹敵する顧客体験を提供しようとする企業であれば、募集人／コールセンター／ウェブ等のチャネルを有機的に連携させる、**カスタマージャーニーを基点とした顧客接点のデジタル化**を検討するべきだ。この取組みはややハードルが高い。以下、それぞれのアプローチについてBCGのプロジェクトの例をもとに解説したい。まずは既存のチャネルの力を引き出すアプローチからみていこう。

既存営業チャネルの再構築：
営業端末をどうレバレッジするか

　営業チャネルを活性化し、多様化するチャネルのなかで適切な役割を果たせるようにするためには、どのようなアプローチが考えられるか。私たちは、保険に限らずさまざまな業界で、営業の生産性向上（SFE：Sales Force Effectiveness）の支援を数多く手がけてきた。どんな業界にも共通のポイントは、**これまでの経験則を脱し、客観的な情報をベースに営業活動を「科学」する**ことである。その際の強い味方となるのが、デジタルツール、特に専用アプリ等を搭載した営業端末である。デジタルも活用しつつ、営業の生産性をどう向上させていくか、考えてみたい。

　営業活動を科学し、効果的に生産性向上につなげるための基本要素として大きく3つのドライバーがある。①「活動の量（Volume）」、②「ターゲットの選択と集中（Focus）」、③「営業活動の質（Quality）」である（図表4－2）。

図表4－2　営業プロセスの見える化

（出所）　BCG分析

活動の量（①）

　第一のドライバーである活動の量（Volume）とは、面談数や訪問顧客数などといった、顧客と接点をもつためにどれだけ汗をかいたかを示す指標である。私たちの経験では、営業担当者個人の効率性やスキルの影響はあるが、総じて活動量の多さは生産性の高さと相関する。活動量を増やすといっても、1人のお客様にむやみに会いにいっても意味がない。活動量を増やすということは、必要な頻度でバランスよく、より数多くのお客様に会うことだ。これを実現していくためには、各営業担当者の活動量を客観的なデータで示して言い訳のできない状況をつくり、期待するレベルに引き上げることが必要になる。

　現在では、GPS付きの端末などにより日々の行動についてのより精緻なデータを集めることができる。最新の営業端末を営業担当者にもたせれば、各担当者の位置情報等から営業活動を見える化できる。これと各担当者の業績のデータをあわせて分析することで、行動と業績の相関関係を見える化し、KPI（Key Performance Indicator、主要業績評価指標）に落とし込むことも可能になる。

ターゲットの選択と集中（②）

　第二のドライバーは、ターゲットの選択と集中（Focus）である。ターゲットとすべき顧客を効果的に特定するには、基本的なセグメンテーションに加えて、これまでとは異なる自社独自のセグメンテーションの軸・切り口をもつのが有効だ。保険会社はこれまで、年齢・性別・健康状態などの基本情報でしかセグメンテーションを行ってこなかったケースが多いが、幅広いデジタルデータを活用できるようになると同時に、より詳細なプロフィールを取得できるようになりつつある。たとえば、顧客のライフイベント（結婚、出産、子どもの成人、家の購入、車の購入など）を把握できれば、イベントにあわせて商品を提案したり、似たプロフィールの人が購入している商品を紹介したりするなど、保険の売り方も変わってくるはずだ。

　さらに、プロフィール以外にも検討すべきポイントがある。たとえば「30

～40代の専業主婦」を1つのセグメントとして定義した場合でも、株などで資産運用している比較的金融リテラシーの高い層と低い層とでは、商品の提案方法も異なってくるであろう。また、日常的にインターネットに接続していたり、モバイル端末を使いこなしたりしている層と、対面を好む層とでは、訪問頻度や顧客接点のあり方なども変えていく必要がある。

そこで、先進的な保険会社では、単なるプロフィール情報を超えて思考パターンベースで顧客をセグメント分けし、実際の打ち手につなげることを前提に枠組みを再設計している。たとえば、①加入目的（自分・家族のため、資産運用上のリスクヘッジのため）、②性格特徴（呑気・短気、大雑把・細かい、リスク回避的・受容的）、③意思決定パターン（頼る情報源、納得の要因、意思決定スピード）、④コミュニケーションの様式（訪問頻度、チャネル）などが切り口として考えられる。

このセグメンテーションを活用すれば、金融リテラシーが高く、非対面を好み、意思決定が早いセグメントに対しては、訪問は控え電話やメールでの丁寧な運用ポートフォリオの提案を中心に行う、一方で、リテラシーが低く対面を好み、知人や家族などに相談しながらじっくり決めるセグメントに対しては、継続的な訪問で関係を深耕するアプローチで攻めるのが適している、というように、実際のアクションにつながる分析が可能だ。

この分野でも先進的な営業端末を効果的に活用することができる。社内の顧客情報や市場データをもとに、アルゴリズムを使ってターゲット顧客を選別し、さらには行動プランや提案内容の作成などの機能を端末に搭載することも可能である。現状では、顧客の属性をふまえて加入する確率の高い商品を提示したり、最適な接触頻度はどの程度か提案したりする、といった基礎的な機能が中心だが、一歩踏み込んで顧客セグメントごとに最適な営業アプローチを提案する機能を搭載した端末も現れている。ある企業では、顧客の属性に合った提案の切り口を、数千パターンのなかからアルゴリズムにより選び出し、表示する機能を開発した。将来的には、ターゲティングや担当の差配、行動計画、提案内容の策定までもAIが行って、営業端末経由で営業

職員に共有される、といったことも可能になるかもしれない。

営業活動の質（③）

　第三のドライバーは、営業活動の質（Quality）である。紹介を受け、提案を行い、見積りを提示し、査定を受け、契約をクロージングする、という各プロセスの質が向上すれば、ステップ間の脱落が減り、生産性の向上につながる。各社独自の方法論が確立されていることが多いはずだが、現実の徹底度にはばらつきがある。

　ここでも、営業端末の担う役割は大きく、商談を支援する機能を端末に搭載する企業は多い。商談支援機能は大きく「提案支援」と「契約等の手続の効率化」に分けられる。提案支援に関しては、ライフプランや商品等への理解が深まるシミュレーションや、各プランの比較をわかりやすく表示できるアプリなどが一般的だ。動画やアプリを通じて、わかりやすくダイナミックなプレゼンテーションを提供できるようにしているケースもある。画一的な資料を表示するところから一歩進んで、パターン化されたシミュレーションや比較のなかから、顧客に合った提案を選択、表示できるようにしている企業もある。さらに、最も先進的なケースでは、アルゴリズムにより顧客ごとにカスタマイズされた提案資料を作成できる機能まで開発されている。

　手続の効率化に関しても、契約や保全にかかわるあらゆる手続をワンストップで行える機能を備えた端末が多くの企業で実用化されている。

　あるアジアの大手保険会社では、営業活動に必要な機能をすべて集約したアプリを開発している。現在では11カ国以上で、数万人の営業職員がこのアプリを搭載したiPadを携帯し、資料のプレゼンテーションから契約までを一気通貫で実行している。顧客に会い、iPadアプリに顧客の情報を入力すると、わかりやすい動画やプレゼンテーションなどが画面に表示されたうえで、その顧客に最適なプランをアプリが提案してくれる。

　さらに、そのまま見積りと査定のプロセスに進むこともできる。商品プランごとに、その場で顧客に質問し、答えを入力すれば保険料の見積額が提示される。顧客が希望すれば、顧客の情報を本社に送ってその場で査定に進め

る。査定を通ればiPad上でサインをして契約完了だ。契約内容を即メールにて顧客に転送し、その場でクレジットカード等を使い支払もすませることができる——。

　営業に必要な機能がすべて備わっているこのアプリがあれば、場所を選ばずに営業活動ができる。レストランやカフェなどで顧客と会い、最短10分で契約完了することも可能だ。導入から12カ月にして新規契約の8割がこのアプリ経由で完了するようになった。アプリを使用している営業職員は年間契約数が3割以上増加しているという。

　極論をいえば、こうした先進端末を携行していれば、営業担当者は、顧客に会う機会をつくるだけで、後は端末が商品を選び、むずかしい質問に答えてくれ、最後の契約のところだけ、営業担当が介入するというやり方も成り立ちうるということだ。

自社の営業モデルを確立し、営業端末の位置づけを明確にする

　これまで紹介してきたとおり、営業端末は大きな可能性を秘めている。だが、やみくもに最新機能を盛り込んで端末をつくり込んでも、営業生産性向上にはつながらない。

　営業生産性を組織的に向上させるためには、まず、3つのドライバー、「活動の量」「ターゲットの選択と集中」「営業活動の質」を基点に、軸となる自社の営業モデルを組み立てる必要がある。

　それには、トップパフォーマーの暗黙知を「標準プロセス」として定義する。さらに、個々の営業担当者の行動を「見える化」して、「標準プロセス」とのかい離を把握する。さらに、3つのドライバーに沿って必要となる管理指標、KPIを定義し、活動内容を客観的な数値で測定することを目指す。KPIマネジメントの導入により、営業活動が標準化され、見える化も含めた管理の枠組みの土台が構築できる。

　そのうえで、「仮説検証」でモデルを調整していく。仮説検証とは、仮の「答え」を設定し、それが本当に正しい答えなのかどうかを確かめるやり方である。仮説は仮の答えなので、正しいこともあれば、間違っていることも

ある。しかし、正しい答えを探し求めて分析を繰り返すよりは確実で早く答えにたどりつける方法であり、事後の学びにもつながる。成果につながる筋のよい仮説を構築するには、過去の経験からの類推が早道だ。

　自社ならではの営業モデルを構築できたら、そのなかで営業端末をどう位置づけるかを検討する。顧客に提供したいと考える価値や、これまでの取組みをベースに、営業プロセスを確立し、営業端末にどのような役割を担わせるかを明確化しなければならない。前述のとおり、保険にかかわる顧客との接点では、信頼をベースとした人と人の関係がカギを握ると私たちは考えている。端末がどのようにそれを支えるべきか、企業により考え方は異なるだろう。

　そもそも、システム内に顧客の情報が分散している状態では前述のような夢の端末の実現はむずかしい。マーケティング、提案、契約、保全、営業管理というさまざまなプロセスのなかで、自社のデータベース、インフラ、オペレーションとどう連携をとっていくか、検討すべきことは多い。

カスタマージャーニーを基点とするデジタル化

　既存の営業チャネルを最大限活用するのみならず、その他の顧客へのアプローチ手段をどう組み合わせ、多層化していくか、という課題に取り組む保険会社も多い。

　保険会社はこれまでにも、ウェブサイトやモバイルアプリをつくり込み、オンライン自動車保険などのデジタル対応商品を提供したり、社内にデジタル関連の組織能力を構築しようと試みたりと、顧客接点・顧客体験のデジタル化に取り組んできた。

　だが、これらの取組みには盲点がある。自社の既存の商品やプロセス（引受、請求など）を所与としてデジタル技術を適用する、という発想が根底にあることだ。アマゾン、アップル、グーグルなど、デジタル先進企業の提供するサービスに慣れた顧客が望んでいるのは、さらに便利なサービスである。24時間365日アクセスできることはいうまでもなく、ワンクリックでの

購入や、定期購入の設定が可能だったり、購入履歴からのお勧め商品や、よく一緒に購入されている商品、同じ商品を買った人が何を買っているかが表示されるなどの精緻なレコメンデーション機能がある——等である。

　顧客はまた、業界による違いを意識することも少なくなっている。支店だけでなく、オンラインでもアプリ経由でも銀行のサービスを受けられるいま、顧客は保険会社など他の金融機関にも同様のサービスができるはずだと思うだろう。

　保険会社が消費者のニーズに対応できるよう一から事業プロセスやサービスを組み立て直すためには、顧客目線を軸にする必要がある。商品や（損害保険、生命保険、医療保険などどんな商品であっても）、担当部門などの社内組織などの単位でデジタリゼーションを進めてもうまくいかない。基準にするべきは「カスタマージャーニー」である。

　前述のとおり、カスタマージャーニーとは、きっかけとなる出来事、「トリガーイベント」から、すべての手続が終わるまで、顧客が何を考えどう動いたか、そのすべてをいう。保険金の請求も1つのトリガーイベントだが、転居や結婚・離婚、子どもの誕生、昇進・転職などトリガーイベントがあると、顧客は新たに保険に加入しようと考えたり、いま加入している契約を見直し、変更しなければと思ったりする（図表4－3）。

　最近転居した顧客がいたとしよう。顧客はコールセンターに電話をして、住所変更の手続をする。だが、この保険会社では商品の販売、引越等による登録情報の変更（保全）、保険金請求など、それぞれの手続が異なる部門で行われ、データも連携されていなかった。コールセンターのスタッフのKPIは、顧客情報を何件さばいたか、だったので、スタッフは顧客から必要な情報を聞いて素早く住所変更の手続を行い、会話が長引くような余計な質問はしなかった。

　だが、この顧客には家族が増えてより大きな住居に転居をした、という理由があるかもしれない。結婚による転居だったかもしれない。家族構成や状況に変化があっても、自身では保障の内容を見直す必要があるとはっきりと

図表 4 − 3　カスタマージャーニー設計の基本思想

顧客が実際に体験している行動そのものであり…

end-to-endの視点でプロセスとテクノロジーが網羅されており…

特定のチャネルにとらわれたものではなく…

特定の商品やプロセスを示すものでもない

商品やチャネルではなく、顧客をすべての中心として考える

（出所）　BCGプロジェクト

認識していないこともある。もし、だれかが教えてくれたとしても、彼／彼女は別途契約担当の営業担当者に電話を入れ、対面や書面でやりとりをする必要がある。顧客の側から考えれば、コールセンターへの1本の電話のなかで、保障の見直しについても提案を受け、さらに必要な手続がすべて終わるのが理想だ。保険会社が最初に顧客に尋ねるべきは、「どこに転居したのか」ではなく「（直接的な表現ではなくとも）なぜ転居したのか」なのではないか。

　デジタル経由のソリューションでは、追加の手続や遅れなしに顧客がトリガーイベントにかかわるニーズと要望をすべて（少なくとも顧客の視点から）解決できてはじめて成功といえる。このためには、保険会社は複数のセグメント、商品、チャネルにわたるカスタマージャーニーを追跡（もしくは予測）する必要がある。現在多くの保険会社では逆に、顧客のほうから関連する部門を探してコンタクトしなければならないようになっているのではないか。これを逆転させるには商品、プロセス、および社内の部門や機能を顧客の視点を基点に見直す必要がある。

　顧客中心の視点から考えることで、保険会社は顧客のニーズによりきちんと対応できるようになり、大きく、かつ多元的なチャンスにもつながるはずだ。顧客満足度が向上し、クロスセルのチャンスが拡大する一方で社内の事

務手続の無駄を省き効率化を図ることも可能になる。

BCGにおけるカスタマージャーニー基点のデジタル化プロジェクトの例

では、このような見直しをどのように進めていけばよいのだろうか。以下では、BCGにおけるカスタマージャーニー基点のデジタル化支援のアプローチを紹介したい（図表4－4）。

こうしたプロジェクトではまず、保険金支払、転居等による住所変更（保全）、結婚、子どもの誕生などのトリガーイベントごとに、カスタマージャーニーがデジタル化された際に、「顧客の利便性」「効率性の向上」という2つの軸のそれぞれで、どの程度改善が見込めるかを評価する。顧客の利便性に関しては、顧客の期待と現状のかい離（ペインポイント）、また必要なプロセスが減ることや、スピードや透明性の向上がどれだけの顧客満足度向上につながるかを、定量／定性両面から評価する。定量評価であれば、ネッ

図表4－4　カスタマージャーニー基点のデジタル化：3つの側面

1．オムニチャネルの顧客体験	すべてのチャネルにわたり、一貫した顧客体験を提供 ・たとえば、専用リンク等を経由し、欠落した情報を収集等
2．デジタル化	デジタルを通じた、スムーズでストレスのないやりとり ・たとえば、ビデオチャットができるようにする、サードパーティー・ベンダーを活用する等
3．カスタマージャーニー全体の再定義	カスタマージャーニーを、トリガーイベントから手続の終了に至るまで全体的に再定義 ・たとえば、すべての契約に顧客の婚姻関係の変化を反映する、保険金請求にかかわるすべての問題を素早く解決する等

（出所）　BCGプロジェクト

トプロモータースコア（企業やブランドに対する愛着の度合い、ロイヤリティを数値化する指標）に換算して、10～30％ポイントの改善を目指すのが一般的だ。効率性に関しても、顧客とのやりとりの回数が減ることや処理の重複や不要なプロセスの廃止、デジタルチャネルへのシフトなどによりどれだけの人員が削減可能かを定量的に評価する。一般的には10～25％の範囲で削減を目指すことが多い。顧客の利便性と効率性の向上という軸に加え、さらに発生件数で各カスタマージャーニーにおけるデジタル化ニーズの大きさを評価し、優先順位づけを行う。これにより、何から取り組めばよいのか特定することができる。

　ある保険会社では、まずパイロットとして転居をトリガーとするカスタマージャーニーからデジタル化を進めることにした。最初のステップは、カスタマージャーニー全体を再設計するためのデザインプラットフォームを開発することだ。デザインプラットフォームの設計は、顧客のニーズを深く理解し、目指す提供価値や再構成における基本原則を定めることから始める。そのためには、現状それぞれの手続に必要なプロセスとITアーキテクチャをマッピングし、詳細な意思決定ツリーを作成する必要がある。

　次のステップはプロトタイプの開発である。2章で紹介したエスノグラフィックリサーチなどを活用して顧客視点でデジタル利用状況・行動を深く理解することからスタートし、コンセプトとプロトタイプを開発する。プロトタイプの開発はアジャイル開発（6章参照）の手法に沿って行った。3週間程度の「スプリント」を単位として、粗いプロトタイプをつくって顧客や代理店のフィードバックを受け、実装／振り返り、というループを反復的に回すことで、実際の顧客がどう使うかを実地に試して反映したプロトタイプをつくることができる（図表4-5）。アジャイルの手法には、短いサイクルで何度もユーザーのニーズに立ち返ることにより、自己修正しながら開発を進められる利点がある。

　プロトタイプをつくり込んでいくなかで、顧客インターフェースのデザインには特に注意深く取り組む必要がある。紙の書類は一度つくると変更がむ

図表4－5　カスタマージャーニー基点のデジタル化の例

（出所）　BCGプロジェクト

ずかしいため、「万人受け」のデザインが意識される傾向がある。だが、デジタルのインターフェースは、変更が容易で、顧客ごとに使い分けることも可能だ。アジャイル開発のループのなかで、たとえばシニア層にとって使いやすいインターフェースと20代にとって使いやすいインターフェースといった具合に、セグメントごとに適したデザインを使い分けていくこともできるだろう。

　転居をきっかけとしたカスタマージャーニーであれば、どのようなソリューションが考えられるか。アプリの開発はその1例だ。通勤電車のなかなど隙間時間にアプリを開き住所変更の手続をすると、転居に関連したさまざまな質問が画面に表示される。質問に答えていくと、家財対象の損害保険

を増額する必要があることや、水もれなどを対象とする賠償責任保険への加入（新しい部屋は3階で、下の階にも人が住んでいる）が必要となること、転居により運転距離が短縮されるため、自動車保険のプランを変えることを検討したほうがよいことなどがわかる——このようなアプリも考えられるだろう。

　プロトタイプをもとに最後に実行プランをつくる。実行フェーズは2〜3週間ということが多く、最初にどのようなプロダクトをつくるかを決める段階から10週間程度という短い期間で自社のコンセプトをかたちにしたプロトタイプが完成することになる。このプロトタイプは、他のカスタマージャーニーすべてに応用可能である。

カスタマージャーニー基点のデジタル化のメリット

　カスタマージャーニーを基点に顧客接点がデジタル化されれば、そのメリットは大きい。最も重要なインパクトは、顧客接点がシームレスになり透明性が高まることにより、顧客満足度が飛躍的に上昇することだ。さらに、15〜25％のコスト削減効果が見込め、組織全体としてのスピードや敏捷性も向上する。カスタマージャーニー完結までの顧客とのやりとりの回数が40％減少したケースもある。

　これらのメリットを実現するためのカギは、顧客にいかにデジタルツールにアクセスしてもらい、セルフサービス化を進めるかだ。顧客自身にアプリやウェブサイトを操作してもらうのも1つの方法だが、代理店やブローカー、またはコールセンターの担当者が顧客と一緒に画面をみながら説明することでカスタマージャーニーを完結できるようにすることもできる。いずれにせよ、バックオフィスに負荷をかける業務処理に頼るのではなく、セルフサービスに誘導することが重要だ。BCGのプロジェクトでは、顧客または代理店やブローカーからのセルフサービスチャネルへのアクセス率を80％程度に高めることを目標にすることが多い。

　前述のとおり日本ではまだ、アプリやウェブサイト経由でカスタマージャーニーを完結することを好まない顧客層が大半である。また、代理店や

営業職員も顧客とのやりとりを把握しておく必要がある。そのため、保険会社は顧客が複数のチャネルを横断的に使ってシームレスにジャーニーを完結できるよう、すべてのチャネル（特に代理店、ブローカー、コールセンター）が相互に連携する仕組みを構築する必要がある。

　また、ユーザーの全体像を把握するには、顧客がどのようなシチュエーションでそのチャネルを選択し、その後チャネル間をどう移行していったかを正確に理解する必要がある。これを理解していることは、（ウェブ上でワンクリックで接続できるようにするなど）チャネル間の移行の設計と、チャネル移行の経路に沿って各段階で収集された情報を横断的に共有する際に役に立つ。

　将来的には、プレーヤー横断のシームレス化も視野に入ってくるだろう。たとえば、顧客が通うフィットネスジムと連携して、保険会社が健康管理サービスを提供する、といったものだ。トリガーイベントの情報も容易に取得でき、顧客が転居したり、それに伴って別のジムに移ったりする際も、保険会社のほうから新しいジムに過去のデータを渡すこともできる。

　損害保険においては、このようなケースが想定できるだろう。交通事故後の修理や査定を行う事業者と連携し、「最寄りの修理工場はどこで、修理には3～4日かかる」といった情報を、事故後すみやかに顧客に提供する。業種を超えて情報が連携されることで、サービスの質が向上、提供スピードも速くなる。

カスタマージャーニー再考の5つのポイント

　私たちの経験では、カスタマージャーニーについて再考し、デジタル化する際に重要なのは以下の5つのポイントである。

・顧客目線を徹底し、妥協せずに理想の顧客体験を追求する
・顧客目線のカスタマージャーニー構築を基点にプロダクト／プロセスを再設計し、顧客がチャネル間をシームレスに行き来できるようにすることを優先する
・部門・機能横断のチームを立ち上げ、短いサイクルで顧客／ユーザーの

フィードバックを受ける、アジャイル開発を推進する
・継続的な開発と改善を行う（顧客の視点からみれば、商品・サービスやプロセスには常に改善の余地がある）
・広範囲のスタッフを巻き込み、持続可能な成果を確実にするための組織能力の向上を図る

こうしたポイントに焦点を当てれば、単に製品やプロセスをデジタル化しようと試みるのではなく、カスタマージャーニー基点のデジタル化に向けて舵を切れる。素早く動いた企業ほど、デジタルにおける優位性を確立できる。テクノロジーの進化に伴い、この優位性はさらに拡大していく。

今後のシナリオ

　保険の契約、引受、支払、保全などすべてのプロセスがデジタルに置き換わるシナリオは、日本では20年程度のタイムスパンで実現するとは考えにくい。顧客が買っているものは保険商品だけではない。販売の場面であれば、接点をもつ募集人が会話のなかで課題を、保険以外の悩みを含めて解決してくれる、その対価として保険を購入しているといった例は少なくないからだ。
　しかし、これも技術の進化次第だ。ネットを通じて、課題解決という付加価値を提供してくれる募集人が登場したらどうだろうか。海外の金融機関では、24時間365日、いつでもどこでもボタン1つで自分に対応してくれるスタッフが画面に現れるサービスが登場している。あたかも自分専用のアラジンの魔法のランプさながらに「お客様、御用をおうかがいします」と画面にスタッフが現れ、ビデオ通話できる。さらに、AIの技術がさらに進化すれば、この画面のなかで対応するスタッフですら、AIを搭載したロボットで置き換えることが可能となる。
　この場合、ネットとリアルをどう区別すればいいかわからなくなってくる。結局最後は、営業の本源的な価値は何かという問題に戻る。

仮に商品の価値だけで消費者が選択するのであれば、営業チャネルの機能そのものが不要になる。デジタル化の進展によって、消費財の多くが近い将来そのような状況に陥ることは十分に想定できる。しかし、保険商品に関しては、その複雑性から（少なくともすべての商品で）営業チャネルが不要となることは相当に考えにくい。商品以外のところでなんらかの価値を提供できる保険会社が競争優位を維持し続けるのがメインシナリオではないだろうか。かたちを変える可能性はあるが、保険ビジネスにおいて営業が担ってきた「信頼感醸成」という機能は今後も優位性の中核であり続けると私たちは考えている。

コラム　セグメンテーションのテクニック

　セグメンテーションとは、市場を分解することである。現在の市場はきわめて複雑化しており、顧客一人ひとりが異なるニーズをもっている。しかし、企業がそれら個々のニーズに対応するための戦略を構築するのはむずかしいため、消費者をグループにまとめ、効率的に攻略したいと考える。

　多くのマーケティング戦略において利益を最大化するためには、セグメンテーションが不可欠だ。これは商品／チャネル／広告宣伝のもととなり、マーケティング戦略の効果を引き出すためには、まず市場顧客を正確かつ戦略的なセグメントに落とし込む必要がある。

　以下に、セグメンテーションの代表的なプロセスをあげる。

1. 定性的な調査（例：インタビュー）により、セグメントの仮説を立てる
2. 定量的な調査（例：アンケート）の回答をもとに仮説を検証する
3. プロファイリングにより各セグメントに属する顧客の具体像を描く
4. 各セグメントの特徴／購買行動を比較する
5. 各セグメントの市場ポテンシャルの大小を検証する

　セグメンテーションで最も重要なのは、市場を分割する際の「基準（軸）」の設定だ。この分割軸によってセグメンテーションの質が変わる。基本的に以下のポイントを念頭に置いて分割軸を設定すれば高品質なセグメンテー

ションが可能になる。

差異性：分割されたセグメント間には、だれがみてもわかるレベルでニーズの差が存在していること（せっかく分けた各セグメントのニーズが同じでは分ける意味がない）

規模感：各セグメントの規模をある程度確保すること（1つのセグメントが9割を占め、その他3つのセグメントの合計が1割というバランスでは良いセグメンテーションとはいえない）

実用性：分割軸を決定するための情報が入手可能で、実用性のあるセグメンテーションとすること（理論だけでセグメントを分けても、実際にデータがなく分析できなければ意味がない、また情報が特定できずアプローチできなければ営業にならない）

戦略性：各セグメントの違いが、商品／チャネル／訴求ポイント等の具体的な戦略の差につながること（セグメントが具体的な戦略につながらなかったり、すべてのセグメントに同じ戦略が適用されたりすれば、セグメンテーション自体が目的化していることになる）

あらゆる角度からみて完璧な分割軸を見出すことは困難だ。そのため、「セグメンテーションは芸術だ」という人もいる。各セグメントの顧客がどう違うのか、その根底には何があり、本質的に何が差を生み出しているのかを考察するプロセスを繰り返す必要がある。

オペレーションの革新

保険業務のオペレーションは、大量の紙とその処理からなる、いわば事務のかたまりのようなものだ。日本では紙の書類を通じて手続を行うことを好むカルチャーが根強く、特にこの傾向が強い。それだけに、保険各社はそれぞれのやり方でオペレーションの効率化に取り組んできた。

効率化を目指すうえでこれまで多くの企業が重視してきたのは、「業務品質（無謬性）」とコストダウンである。業務品質を維持しながらコストを落とすだけでも十分に困難な課題だが、デジタル化の進展により、意識すべき指標はさらに増えている。前述したとおり、インターネット経由のやりとりに慣れた顧客が手続におけるリードタイムの短縮やより高いサービスレベルを期待するようになってきたためだ。

こうした要請に応えるため、保険の事務は「現在の延長線上での改善」ではなく、「非連続的改善」が必要なステージに差しかかっている。それには、部分的なプロセスの自動化・効率化にとどまらず以下のアプローチを並行して検討することで、事務プロセスを包括的・体系的に最適化する必要がある。

1．業務プロセスを最適化し、業務管理を透明化する業務の整流化
2．業務の入り口である、顧客接点のデジタル化
3．AI（人工知能）・RPA（ロボティックプロセスオートメーション）など先端テクノロジーを活用した事務オペレーション／コンタクトセンター業務の自動化

このうち、2の顧客接点のデジタル化については4章で触れた。この章では主に1、3について詳しく解説しつつ、先端技術を活用した事務オペレーションの改革をどう進めていくかをみていきたい。まずは、前提となる日本の保険事務の非効率性について過剰品質・規制という2つのキーワードに沿って解説していこう。

日本の保険事務の非効率性の背景

日本の消費者が求めるサービス品質への過剰適応

　日本の商品・サービスの品質は世界一といわれる。消費者は「モノ・サービス」そのものの品質のみならず、提供するまでのプロセスにも非常に高いレベルを求めている。保険も例外ではなく、外資系・日系を問わず、日本で事業展開を行う保険会社はある意味「過剰品質」ともいえるオペレーションを余儀なくされている。

　たとえば、日本の生命保険会社は各社横並びで、契約者に対する年1回の訪問と契約内容の説明を実施している。一方で、グローバルの大手保険会社では全顧客に平等に接触することはなく、契約内容が手厚い上位顧客層に限定して訪問するなどサービスレベルを戦略的に調整するのが一般的だ。

　これは、顧客が本当に求めているのが何かを掘り下げて考えた結果として年1回の訪問を行っている、というわけではなく、サプライヤーロジックに陥っている例も往々にしてみられる。サービスは厚ければ厚いほど良いという発想からは早急に抜け出すべきだ。

規制への過剰対応

　2000年代半ばに起きた「保険金不払問題」による行政処分、規制強化の影響は、いまだに尾を引いている。不払いがないよう真摯に取り組むのは当然だが、すべての業務において事の大小を問わずエラーを完全にゼロにすべきだという極端な発想で業務設計や運営を行うのは、あるべき「経営」の姿ではない。「経営」とは、「すること」を決めるだけではなく「しないこと」を決めることでもあるからだ。

　保険事務の現場では、実際に何が起きているのだろう。こんな例があげられる。通常、営業職員経由の保険契約プロセスでは、お客様が記載した書類を営業職員が受け取り、営業所に持ち帰る。書類は本社に送る前に営業所内の事務職員がチェックする。不備があればお客様に戻されるが、なければ本社に送付されて本社で再度同様のチェックが行われる。この査定／チェック

が過剰と思えるほど何度も繰り返されている例がある。ある保険会社の営業所では、顧客の書類を複数の事務職員で二重三重に、時間の許す限りチェックを行っている。私たちが実際に目撃した例では、同一の新契約書類を、3人の事務職員がかわるがわるチェックし、それを午前と午後2回繰り返していた。事務職員は、「過剰なチェックプロセスだと感じることもあるが、どんな些細なミスも発生してはならないし、また、上司からもそのような厳しい指示を受けているため、時間の許す限り何度もチェックを行っている」と話していた。

なぜ、ここまで「過剰」な対応が行われているのか。理由の1つは、規制当局の指示を忖度し過ぎているためだ。根拠や必要性の精査が不十分なまま、規制当局が望んでいるはずだ、という発想のもといつの間にか既成事実化しているプロセス・運用がみられるのではないか。

事務オペレーション改革におけるチャレンジ

保険会社でデジタル化を考える際は、顧客接点の領域をまず優先的に進める企業が多いだろう。その典型が4章でも紹介した新契約申込みのデジタル化だ。営業担当が顧客のもとに赴いて、PCやタブレット端末のアプリ上で顧客が必要な情報を入力し、紙の書類なしに保険契約を成立させる。その恩恵は顧客にも実感しやすく、また保険会社としてもアピールしやすい。

一方で、コールセンター業務を含む、後方の事務オペレーションにおいては、旧態依然とした手作業のオペレーションが多く残っている。銀行など他の金融機関と比べてもその傾向は顕著だ。既契約者の住所変更、名義変更、支払方法の変更等の保全事務はその好例だ。保全事務は多品種少量の業務の集合体であるため、そもそもシステム投資の投資対効果を算出しにくいというマイナス要素がある。また、顧客の目に留まりにくいことも、保全業務のデジタル化が滞る要因の1つだろう。顧客に対する直接的なサービス向上という文脈では、アピールしにくい。

保険各社もその現状は認識しつつ、効率化・システム化を図ろうとしてい

るが、システム投資に見合ったリターンを期待できるとはいえない場合も多い。たとえば、「人件費をこれだけ削減できるので、システム投資に10億円かけてもペイする」といった青写真を描きにくい。個々の業務単位ごとにシステム化の投資対効果を追求していくアプローチでは、これまでの保険事務のあり方を抜本的に変える投資を行う意思決定はしにくい。

　そのため、日本国内では業務処理の自動化を果たした事例は、いまのところ多いとはいえない。しかし、海外に目を転じれば、「オペレーションは将来徹底的にデジタル化され、人手を介さないかたちに進化させる」というビジョンを描き、具体的なステップを進めている事例もある。「この領域はシステム化できる、投資対効果がこの程度見込めるから実施する」といったボトムアップのアプローチではなく、自社の現在の立ち位置を見据えたうえで、「将来的にここまでシステム化するが、ここは人手に任せる」「5年後、10年後、自社のオペレーションはこうなっている」といったビジョンを定め、それに基づいて実行していく、いわばトップダウンのアプローチである。この好例が、「人手を介さない事務」という考え方を目指すドイツのアリアンツである。進め方は企業の置かれた状況によりさまざまだが、全社的に、かつ急速に拡大したいのであればアリアンツのようなアプローチを検討することも必要だ。

デジタルを活用した事務オペレーションの改革

　実際に事務オペレーションの改革を行う際には、どのように進めていくとよいだろうか。

　事務担当者（オペレーター）の手で行ってきた判断や処理をAIなどの新しいテクノロジーで置き換える際には、そもそも事務オペレーション自体が整流化されていることが重要になる。繁雑な事務処理を単に電子で置き換えただけでは、システムも重くなり、メリットは薄いためだ。

　本来的には業務の整流化を行ってからAIなどを入れるのが正しい道すじではあるが、実際にはマニュアルでの業務整流化とセルフサービス化、AI

などの活用は並行して検討するほうが効率良く進められることが多い。そもそもセルフサービス化しても問題のない業務や、AI／RPAを導入すればなくなる業務の場合、苦労してオペレーションを効率化しても意味がないためだ。AI／RPAの活用を想定しつつ、それでも必要なところは効率化する。マニュアルでの業務改善とテクノロジーを活用しての業務改善を、整合をとってどう進めていくのか、絵姿を描くのが肝要であろう。まずは業務の整流化について解説する。

業務の整流化

　業務の整流化を検討する際は、「①業務設計の最適化」「②事務パフォーマンスの「見える化」」の両面からアプローチすることが多い。業務設計の最適化とは、既存の業務を従来より細かい単位に「くくり直し」、各業務に対して標準的な処理手順と処理時間を設定することだ。これにより、複雑な業務でも限られた担当者しかできない、ということがなくなる。さらに、従来はブラックボックス化されていた各担当者の生産性を「見える化」し、それが持続的に改善するようPDCAの仕組みを埋め込む。この手法自体は特に珍しいものではないが、保険業界においてはこれまで個々のパフォーマンスが管理されてこなかったきらいがあり、結果、「できる人」と「できない人」の生産性に数倍の開きがある、といったケースが散見されるため、重要な切り口となる。

　① 業務設計の最適化

　業務設計の最適化のポイントは、業務を明文化したうえで新たにくくり直し、最適な人材に割り当てることだ。なおかつ、1つ1つの業務の処理手順と処理時間の標準を定め、それに基づいて業務運営を行う。

　従来の業務は、「新契約」「保全」「保険金・給付金」などと、処理内容ごとに区分されていた。課やチームなどの組織体制も、その区分に基づいて定められていた。つまり処理内容ごとに縦割りで業務・担当部署が決まり、たとえば「解約担当は解約業務を一気通貫で担当する」のが一般的だった。

だが、各業務を細分化すると重複する作業がある。「解約」と「減額」の手続を例にあげよう。減額とは「いままで1,000万円の死亡保障の契約をしていたがこれを500万円にする」という手続だが、これは「500万円分の解約手続」と解釈することも可能だ。しかし従来は、この2つの作業を別々の担当者が処理していた。そのため、解約担当者が抜けたからといって減額担当者がその穴をすぐに埋めるのはむずかしかった。

　そこで、業務を内容に基づいて新たな業務区分「カセット」に分類、それぞれの業務区分について標準的な処理手順、処理時間を定めることで、処理内容の「見える化」を図る。これがオペレーションのカセット化である。カセット化は、3つのプロセスを経て行われる。

　まず、業務区分の決定である。ここで大切なことは、これまで異なる業務に属していた処理も、同種の内容であれば新たに同じ業務区分としてくくり直すという点だ。各業務が具体的にどのような作業によって成り立っているのか、プロセスマップ（6章コラム参照）のかたちで棚卸しをする。そのうえで、たとえば「解約」と「減額」双方に「請求書の入力・確認」および「解約返戻金の計算」が含まれているならば、それぞれ同じ業務区分として新たに括る、といった判断を下す。

　次に、各業務区分における役割分担の明確化を行う。新たに括られた業務区分を、正社員が行うもの、事務専門職が行うもの、パートが行うものなどに区分する。一般的には、各業務の処理の複雑さとリスクの高さの2軸で評価し、難易度が高く、またリスクの高い作業を正社員が担当することになる。

　最後に、こうして設計された業務区分それぞれに標準的な処理手順および処理時間を設定する。たとえば「解約払戻金の計算」について必要となる手順をマニュアル化し、「標準処理時間は30分」などと定めるわけだ。以降のオペレーションは、こうした標準処理時間をもとに回していくことになる。なお標準処理時間の決め方は2つある。1つは「最も処理が迅速な担当者」、つまりベストプラクティスを標準とする方法。もう1つは各担当者の

平均水準を標準とする方法である。どちらかが優れているわけではなく、業務設計の最適化において肝となるのは、標準を決めることそのものである。

② 事務パフォーマンスの「見える化」

標準を明確化すると、個々の生産性が標準とどの程度かい離しているかがよくわかる。保険事務を担当するのは主に契約社員、パート従業員だが、各人の生産性を明確に把握していない会社も少なくない。コストダウンを図るにも、「いま100人でやっている業務を来年は90人でこなすように」などとトップダウンで数値目標が定められ、それをどう実現するか、という手法については現場に一任される傾向にあった。

こうした状況では、たとえば「解約」業務にあたるチームにおいて、1人当り1日何件担当したか、チームリーダーでさえ把握していないケースが珍しくない。現場の担当者にしてみれば「働きやすい」環境ともいえる。自分に無理のないペースで仕事をこなしていればそれですんだからである。生産性向上を上長に命じられることもなかった。

結果、同一業務でも担当者間で1日の生産性に数倍の開きがある、といった問題が生じ、放置されることになった（図表5-1）。また、比較的発生頻度の少ない事務を担当する職員の場合、時期によっては1日数件しか処理を行わないこともあるなど、リソース配分のミスマッチが起きているケースもみられた。加えていえば、「作業のコツ」も共有されていなかった。仕事のやり方がわからないとき、「すぐに上長に聞いて解決する」担当もいれば、「インターネットで調べる」担当もいたのである。これもリソース配分のミスマッチといえるだろう。

こうした状況を変えるには、5つのステップからなる業務管理の高度化、見える化が有効だ。

・ステップ1：日々発生する業務の発生件数、タイミングを把握する。
・ステップ2：1をもとに、どの担当者が、いつ、どの処理を何件行うか設定する。これを決める際の前提となるのが前項で触れた標準処理時間であ

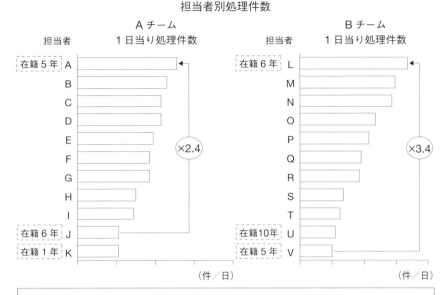

図表5-1 日本の保険会社のオペレーションの特徴

同難易度の案件を扱うチーム内でも2〜3倍の差が存在

(出所) BCGプロジェクト

る。「この事務は1件○分で処理できるから、1人が1日○件担当できる」などと想定できる。

- ステップ3：担当者ごとに割り振られた業務の処理進捗状況をモニタリングする。各担当者のスキルレベルに差があるため、それぞれの要改善点を明確化することが肝要となる。
- ステップ4：上長やリーダーによるコーチングを実施し、ハイパフォーマーならではの処理のコツを担当者と共有。
- ステップ5：コーチング実施後の生産性の推移をフォローアップする。

この5つのステップ自体は一般的なPDCAサイクルの導入以上のものではなく、特別に複雑・高度なものとはいえない。産業財企業などでは、日常的

に行われていることである。しかし、生産性という概念が強く問われてこなかった保険事務の現場にこれを新たに導入するハードルは高い。いわば組織の風土改革に踏み込む必要があるためだ。

ここでは、チームリーダーや担当者がこうした考え方を受け入れ、協力してくれるかどうかが成否のカギを握るといえる。たとえば、「各業務を標準化しておけば隣のチーム同士バックアップがしやすくなり、多忙な時期でも公平に休暇をとれるようになるかもしれない」とリーダーが現場に語りかけて協力を促進したというケースがある。改革が現場にどのような恩恵をもたらすか言語化した例だ。

保険会社の業務プロセスの効率化では他業界に学ぶところが大きい。たとえば、事務処理では製造業のBPR（ビジネスプロセスリエンジニアリング）などを参考に効率化を行っている企業がある。自動車メーカーの需要予測の考え方を応用すれば、天候やカレンダー等さまざまな要因を総合して事務処理の需要を予測し、的確なリソース配置をすることも可能になるだろう。

AI／RPAを活用した事務オペレーションの自動化

人間のような「考える」能力をもつマシン、AIの研究は、20世紀半ばから長きにわたり続けられてきた。だが、当初想定されたレベルにはなかなか到達できず、数年前までは産業界で活用することは困難だといわれていた。だが、ディープラーニング（深層学習）の研究が進んだことで、ここへきて一気に局面が変わった。

また、AI以外にも、事務作業を行うロボット、RPAも活用が可能だ。工場で産業ロボットが人間にかわって作業を行うように、異なるシステム間のデータ入力作業を自動で行うなど、主に事務作業において特定の業務処理を行うのがRPAである。

ここでは、AIについて概観した後、保険業界でAIをどのような領域で活用できるのかを紹介し、さらに保険業界においてAI／RPAを活用した業務効率化を進める際のアプローチについて概説したい。

AI実用化の時代

　グーグル傘下のDeepMind社が開発したAIのプログラム「AlphaGo」が、囲碁の世界ランキングトップの柯潔九段と3度にわたり対局、すべての対局で勝利したのは記憶に新しい。産業界でも、自動車や金融取引などさまざまな分野でAIの活用が急速に進み、自己学習のアルゴリズムはいまや当然のようにモバイル機器やオンラインサービスに埋め込まれている。深層学習機能、特に画像認識についての研究が進んだこと、処理能力が大きく向上したこと、デジタルデバイスやセンサーを通じてさまざまなデータを獲得・活用できるようになったことなどにより、ここへきてAIでできることの幅が広がった。「みる」「聞く」「話す」機能を軸に、現実社会のコミュニケーションに参加できるようになってきたのだ。

　人の話を聞いて理解する、とは、たとえばアシタノテンキハハレデス、という音声のパターンが、「明日の天気は晴れです」というデジタルの文字列と一致することを認識することだ。言語理解がどの深さまで進むか、という点は研究者の見解が分かれるところではあるが、現状でもマシンは人間と幅広いトピックについて直観的かつ自然に話ができるところまできている。さらに、対象物を特定し、光学的パターンを解析・認識できるようにもなったことで「目」も備わった。AIはバーチャルなデータ社会を離れ、現実社会に浮上してきたのだ（図表5-2、5-3）。

　考え、反応するという点でAIは人の知能と比べられることが多いが、両者の違いは大きい。人間は並列処理（パターン認識）を素早く行うことができるが、逐次処理（論理的推論）の速度は遅い。一方でAIは並行処理の能力が限られている半面、逐次処理は非常に速い。潜水艦が魚のようには泳がないが、高速で海中を進んでいくのと同じように、マシンは独自のやり方で問題を解決し、タスクを達成する。

　だが、処理能力にもう一段の飛躍的進歩がなければ、マシンは人間レベルの知能（汎用AI）——つまり人間の知性の特徴である、異なるタイプの膨大な問題解決能力を獲得することはできない。現状のAIは単機能であり、明

図表5-2　なぜいまなのか：AIはすでに現実社会に浸透しつつある

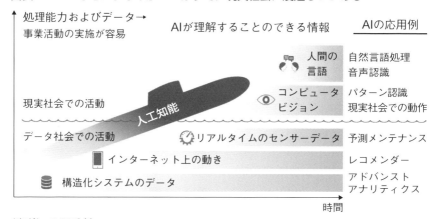

(出所)　BCG分析

図表5-3　AIの企業にとっての本質的な意味

① 認識系タスクの広範な自動化
〈現在人手をかけている業務の多くが機械で代替可能になる〉

- タスクは、機械化されやすい順番に、
  - 1．処理系
    〈すでに大部分が自動化ずみ〉
  - 2．認識系
    〈いま取組みが進む分野〉
  - 3．プランニング系
  - 4．ソーシャル系
- 具体的には、
  - 画像（視覚）、音声（聴覚）認識
  - 自然言語識別
  - さらに、機械制御

② 予測能力のコモディティ化
〈人間を圧倒的に上回る規模、速度、精度の予測が可能になる〉

- 成立する条件は、
  - 熟練した人間が時間をかければできる
  - 十分なデータの取得が可能
- 具体的には、
  - 大量センサデータを用いた予測
  - 購買／閲覧等の行動データを用いた予測
  - 多種類の経済指標を用いた予測等（＝多次元の断片的な時系列データ系）

③ "データ"への企業競争力の集約化
〈これらを可能にするのは、現業で日々生み出されるデータ〉

(出所)　BCG分析

確に定義されたタスクを実行したり、明確に定義された問題を解決するのには優れているが、新たに問題を提起したり、以前に直面した別の問題に関連づけて解決することはいまのところできない。自転車から落ちた子どもを助けるために車を止める、といった、私たちが常識と考えるような判断もAIには期待できない。

だが、うまく使えばビジネスの多くの場面でAIは業務タスクを素早く、賢く、徹底的に達成することができる。AIはもはや選択肢の1つではない。企業は人とマシンがどうお互いの強みを活かして競争優位を構築していくべきか考えなければならない。

AI／RPAの活用

オペレーションをデジタル化する際の焦点は、AIを含めたマシンをどう活用するかだ。

AIのベースとなる要素技術は主に4つのカテゴリーに分けられる。まず①「入力」、つまり文字や音声、画像から情報を収集する機能、②大量の収集データから意味のある情報を抽出する高度な分析・判断、さらには予測を行う「分析」、③データの集合からパターンを抽出し、さらにアルゴリズムを自己改善する「学習」、さらに④「行動」、つまり、プラットフォーム上の多様なソリューションを管理・統合する、学習結果をもとに継続・更新を含めた自動化を行う、言語で回答する、その他適切なアクションを行う機能である。このうち④の機能の一部がロボティクスといわれる。決められたプロセスに従って複数のアプリケーションからデータを取得し決められたフォーマットに落とす、といった作業が可能な、RPAに搭載されている機能である（図表5－4）。

AIの導入にあたっては、こうしたそれぞれの要素技術が、自社のオペレーションのどの部分でどのように活用できるか、整理・検討するのが第一歩となる。

保険においてAI活用が可能な領域

②の分析機能には、人の判断をかわって行う機能と、予測を行う機能の両

図表5－4　デジタルを活用した革新的プロセスの創出：
　　　　　テクノロジー進化を活用していままでとはまったく異なるプロセスが
　　　　　実現可能に

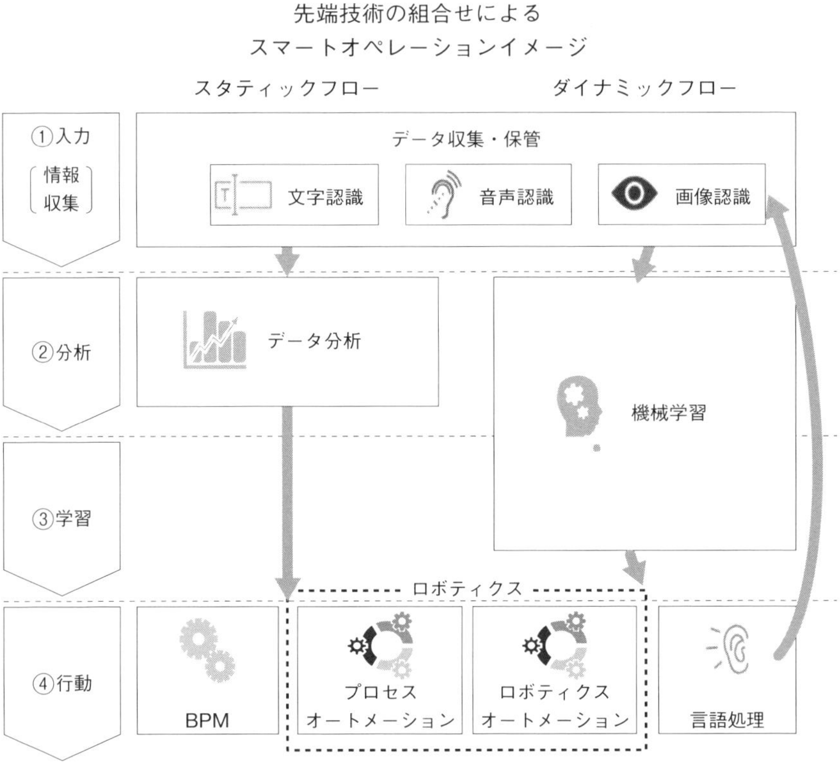

先端技術の組合せによる
スマートオペレーションイメージ

	スタティックフロー	ダイナミックフロー
①入力 情報収集	データ収集・保管 文字認識　音声認識	画像認識
②分析	データ分析	機械学習
③学習		
④行動	BPM	ロボティクス プロセスオートメーション　ロボティクスオートメーション　言語処理

（出所）　BCG調査

方が含まれる。保険の文脈では、最終的には、AIの「予測」機能を加入者のリスク判断、という根幹的領域で使えるようになると考えられている。だが、現時点では、人にかわって判断することを含む事務処理の部分で活用するところが主なポイントになる。特に効果が高いと広くいわれているのは引受査定の分野である。現状では担当者が大量の書類を目で確認して判断しているが、AIの導入によりAIが自分で入力処理をしながら判断していくかたちに変えることができる。ただ、広く事務をみていくとAIが使えるところ

要素技術

文字認識	紙文書・画像上の文字を認識し、編集／検索可能なデータに変換
音声認識	スピーチの特徴から内容・話し手を識別
画像認識	蓄積データとの比較による画像の分類・解析
データ分析	大量の収集データから意味のある情報を抽出する高度な分析・判断
機械学習	データの集合からパターンを抽出し、アルゴリズムを自己改善
BPM	単一プラットフォーム上の多様なソリューションの管理・統合（ビジネスパフォーマンス管理）
ロボティクス	AIによる学習結果をもとに継続・更新を含めた自動化
言語処理	人間の言葉を理解した意思疎通のもと、適切なアクションを決定

はほかにも多々ある。順にみていこう。

◆**AI-OCRによる手書き書類の処理**　保険会社は年間数百万枚の用紙を処理している。ペーパーレス化をうたう保険会社でも、実際はスキャンした帳票の文字を人が目でみてデータとして入力しているケースがほとんどだ。これは、従来の文字認識技術、OCRの読取り精度が70％程度と低かったためだ。だがAIが「目」を備えたことでこの部分をAIで代替できるよう

5章　オペレーションの革新　107

になってきている。AIの技術を組み合わせたAI-OCRは崩れた文字でも、とめやはらいの形状などから文字を特定できるようになってきており、最終的には99％の文字認識が可能になるといわれている。

この機能を使って、申込書等の手続用紙の振分けをAIで代替することも可能だ。これまで数百万枚の書類を1枚1枚、人がみてどういった処理を行うべきかを判断してきたが、AIを導入することで、AIが手書き書類を認識し、手書きの文字をデジタルデータに変換したうえで、帳票の種類を判断して正しい処理へと流す、という流れが構築できる。

手書きの文字をデジタルに変換した後で、さらに病名や処置の判断を行うプロセスにAIを活用することも考えられる。日本では、病名や手術などの処置を診断書に記入する際の書き方が医師によって異なるため、病名・処置名のコードを正規化する作業が必要になる。この作業を行うには経験が必要で、現状では専門知識を有するスタッフが、このように記載されているならこの病名に当たる、この保険で保障ができる、といった判断をしている。だが、この判断をAIで代替することが可能になる。加えて、病気ごとにどういった処置が標準治療なのか、といったデータを学習させれば、さらに精度の高い判断が可能になる。

日本特有のネックともいえる紙カルチャーではあるが、逆にいうと、それゆえにAI-OCRのインパクトは大きいのだ。

◆**査定** 現在、主に過去の経験をベースに行われている引受査定、支払査定も、AIに置き換えることが可能だ。将来的に、過去の判断結果から学習する機能をAIに実装できれば、これまで人間が担ってきた高度な査定業務でも、システムによる代替が進む。

保険会社における「査定」業務には大きく2種類がある。1つは、新契約時の引受査定である。保険の申込み時に「その保険を受けるか受けないか」判断するものだ。もう1つは、支払査定である。実際に事故などが起き、保険金を請求された際に「払うか・払わないか」あるいは「いくら払うか」を判断する。どちらのケースにも査定基準があり、これに基づいて

査定担当者が引受可否、支払可否の判断を行っている。しかし、その判断のむずかしさにはかなりの幅がある。

支払査定では、すでに海外では顧客の医療費データや過去の請求パターンを蓄積し、AIによる支払査定に活用する試みが始まっている。一般に保険金の支払額の8割は、件数にして2割の請求に対する支払だといわれる。つまり、この2割の高額請求について細かく分析すれば、不正請求を抑制することができる可能性がある。事故や病気全般、という視点と、契約者自身に着目する視点の双方からAIを使って細かく分析し、不正請求の可能性を割り出そうとするのがこの取組みだ（図表5-5）。

では、引受査定はどうか。「これまでまったく病気をしたことがない25歳の男性」であれば、だれが見ても引受可能と判断できる。しかし実際には過去に病歴がある顧客が多く、またその病歴もさまざまである。このようなケースでは、経験を積んだ担当者が判断を下すことになる。要は、査定基準に従いほぼ機械的に判断できるものから、複数の情報をもとにした

図表5-5　データ／AI活用のイメージ　Outlier（特異点）の特定による収益性改善のケース

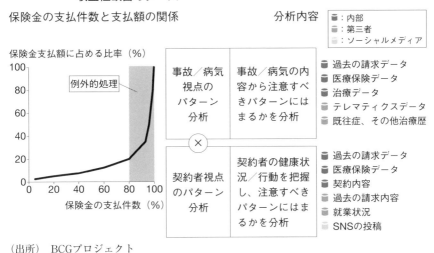

（出所）　BCGプロジェクト

総合的な判断を求められるものまで、多岐にわたるのだ。

　単純な査定エンジンを組み込んで、「機械査定」を行っている企業もあるが、現状適応範囲は形式的で単純な判断に限られる。機械査定を適用する割合も、全体の1桁前半にとどまっている。なぜ機械査定の導入がこれほど進まないのか。こうした査定エンジンはシステム的に実現難易度が高いのも確かだが、現状の保険会社において「むずかしい業務は人間が行うべき」「総合的判断は機械には無理である」との暗黙の了解が背景にあることも影響している。

　しかし、「顧客に対するサービスレベルを高める」という目的のもと、保険会社も、機械査定について検討する価値はある。機械査定導入のメリットは何か。たとえば、4章でも紹介したように、海外の先進企業では、引受査定の場面において、営業担当が必要情報をタブレットPC上などで入力すると、その場で引受可否を判断できる仕組みを構築している企業もある。

　現状、一般的には、営業担当が顧客から書面の申込書を預かる→帰社する→1週間ほどして顧客に電話で可否を連絡するといった手続を踏む必要があるが、AIを活用することですべての手続が最初の顧客接点で完結することになる。これは、顧客にとって直接的な利便性向上にほかならない。

◆**コンタクトセンター業務**　もう1つAIが活用できる分野は、顧客とのコミュニケーションである。コールセンター、問合せ窓口等、いくつかの顧客接点をAIで代替可能だ。

　短期的には、コンタクトセンターのオペレーターが行う作業を「先回り」する部分にAIを導入することが可能だ。

　1つにはオペレーターの回答支援。オペレーターの習熟度はばらつきが大きい。慣れていないオペレーターは顧客からの質問の意味がはっきりわからないこともある。AIが電話をかけている人の話していること、聞きたいことを理解して、回答や、どの部署につなげるか、といったオプショ

ンをオペレーターのモニターに表示する、といった活用法が考えられる。これにより、オペレーターの習熟度にかかわらず一定レベルのサービスの提供が可能になり、オペレーターの研修期間も短縮が可能だ。

また、オペレーターの処理の高速化も考えられる。たとえば顧客から「住所を変更したい」と連絡があると、通常ならオペレーターは住所変更のシステム上のトランザクションを立ち上げ、ダブルクリックしてメニューを選ぶ。だがAIを介することで、「住所」というキーワードに反応して自動的にトランザクションが立ち上がるようにすれば、オペレーターの作業は速くなる。また顧客情報を音声認証などで確認することもできるようになるかもしれない。従来であれば顧客の話を聞きながらオペレーターが手作業で確認、入力していた部分が一部自動化され、高速化する。事務の生産性を上げていくことが可能になるのだ。

AIによるオペレーターの代替も、長期的にみれば間違いなく進んでいくだろう。機械学習により、AIが正しい行動をどんどん学習し、人の作業の一部を先回りするという枠を超えて、AIのみで顧客とのコミュニケーションを完結できるところまで精度が上がっていくかもしれない。一方には、ベテランの事務スタッフが退職していくことで、事務機能の一部が危機に瀕しているともいわれる状況がある。であるならば、人からAIへの移行は思いの外スムーズなものになるだろう。

AI／RPAを活用した事務効率化の進め方

このように、幅広い活用が見込めるAIだが、容易に導入できるわけではない。BCGでは多くの企業のAI活用を支援しているが、ここからは、AI／RPAを活用して事務の効率化を行うプロジェクトの流れの1例を簡単にみていこう。

AI導入の第一歩はAI活用に適する領域を特定することだ。この際、まずは自社の事務フローを俯瞰的に、すべて洗い出し、細部にわたり因数分解し、明確化する作業が必要だ。そのうえで、先端技術に置き換えることで効率性が上がるのは具体的にどの手続のどのプロセスなのかを仕分けする。た

とえば、住所変更届を受け取ったら、その帳票が住所変更についての帳票であることを判別し、データをスキャンして読み取り、社内の複数のデータベースを立ち上げて入力、登録作業を行うことが必要だとすれば、この1つ1つのプロセスをさらに分解し、どの部分でどういった技術が使えるかを細かくみていく、ということだ。

業務の中身をしっかり理解しながら、どこにどの技術が使えるか紐解いていくこの作業は想像している以上にむずかしく、業務と技術の両方に精通した人材を投入する必要がある。たとえばAIに詳しいだけでは、どこにAIが使えるのか見当がつかず、実務に詳しいがAIには詳しくない人では、AIで置き換えられる作業なのかどうかを判断できない。

AIを導入してみたが、思ったほど使えない、というような声を時折聞くが、この作業がうまくいっていないことがその理由の1つだろう。現時点でAIができることは基本的に単機能であるため、やりたいこととAIにできることのギャップを橋渡しするかたちで課題を特定しなければならないのだ。BCGが支援するプロジェクトでは、この部分はBCGの専門スタッフが中心となり、クライアントと議論しながら進めるようにしている。

優先順位を決める

AIが活用できそうな領域が絞れたら、次に何から取り組むか、優先順位をつける。効率化ポテンシャル（処理の重さ、頻度）に加え、学ぶものが類似していると学習効果が速い、というAIの性質を考慮し、展開を進める際の優先順位を具体化していく。たとえば、住所変更の帳票の読取作業をAIで置き換えたら、次はフォーマットがよく似た氏名変更の帳票読取作業を代替するためのモデルを組む、といったかたちだ。

最初に取り組む作業が決まったら、実際にどのようなAIを入れていくか検討する。このとき気をつけなければならないことは、AI自体のコストだ。現時点で汎用的といわれるAIは、AI自体が比較的高額であり、多数導入すると十分な投資対効果が得られないことが多い。

これを回避するには、文字認識、音声認識などそれぞれの機能別に強みを

もつ複数のAIを、置き換える業務にあわせて選択的に導入するのが望ましい。グーグルが公開する機械学習のシステム「TensorFlow（テンサーフロー）」のように、アルゴリズムそのものは自由にアクセスが可能なものも多い。こうしたオープン系アーキテクチャを活用すれば比較的安価にAIを構築できる。それぞれの分野に強いベンチャー企業などと連携して独自のシステムを開発するのも選択肢の1つだ。

　1種類のAIだけですべての業務をカバーするのが非効率なのも確かだが、あまりに多種類のAIを使うと混乱が生じる。こういう業務系統はこのAI、と切り分けながら導入するのが望ましいだろう。AIのバリエーションはある程度制限し、系統ごとに適したスタンダードなAIを数種類定めるのもよい。導入するAIが決まったら、実際にモデルを作成し、試行錯誤しながらネットワーク構造や階層、パラメーターなどを決めていく。

　また、業務によっては、RPAの導入が適している場合もある。RPAは機械学習機能を備えたタイプと、単純作業を行うタイプがある。いずれのタイプも、あらかじめ操作を設定しておけば、複数データベースを横断する作業を人間にかわって処理できる。特に、AI-OCRとRPAを組み合わせると大きな効果が得られる。たとえば、郵送で受け取った書類の顧客番号をスキャンすると、RPAが番号を読み取って保存、異なる情報ソースからデータを抽出、システムへの入力まで行う、というような仕組みを組める。

　いずれの場合においても、AIを最大限活用するには、業務フローを再設計し、人が介入するポイントを最小限にするのが非常に大事なポイントとなる。図表5－6は人間とAI、RPAを組み合わせて使う場合の比較をしたものだ。AIの年間労働時間は人間の2倍以上、処理速度は3～5倍。人間の場合は退職というリスクもあるが、機械にはそれもない。AIの導入には時間も手間も想像以上にかかるかもしれないが、インパクトのあるところから業務の再整理と両にらみで、1歩1歩取り組んでいくことによりねらった効果が得られるはずだ。

5章　オペレーションの革新

図表5-6　BCGプロジェクト事例より：
　　　　　AI＋RPAによる効果

	人間	AI＋RPA
年間労働時間	約1,500時間	約3,000～4,000時間
処理速度（人間を1とする）	1	約3～5
年間経費	約8万ユーロ	約1万9,000ユーロ

（出所）　BCGプロジェクト

> **コラム特別編**　保険と規制とデジタル

　リーマンショックの際話題となったデリバティブに、クレジット・デフォルト・スワップ（CDS）がある。これは、保有する債券や融資債権がデフォルトした場合、それによって生じた損失を補償するという、一種の保証契約である。したがってその果たす機能は、実質的には債務保証を通じた損害保険契約であるということになる。

　サブプライムショックで"Toxic Asset"と化したサブプライム関連の証券化商品は、その取引にあわせてCDSも契約されていたのが常であり、CDSが本来の機能を正常に発揮していれば、危機の広がりはずいぶんと抑制されたはずである。しかし、CDSの発行体は補償支払の資金を準備できず、購入側の機関投資家は次々と資金繰り困難に陥った。

　保険契約の分野では、こうしたことは通常生じない。なぜなら保険商品は、その内容が保険として合理的なものであるという法令上の認可を得なければ販売できず、かつ、販売すればこれも法令に基づき責任準備金の積立が義務づけられているからだ。

　CDSにはこのような規制は存在しない。なぜか。CDSは、金融取引のプロ同士が個別に交渉して契約するものであり、両者の間に情報格差がない前提の取引だからだ。こうした取引に当局が介入することは、金融の効率性やイノベーションを阻害する。情報格差のないプロ同士であれば、損も得も自己責任であり、そこにおのずと規律が働くと考えられているのである。リーマンショックの際は残念ながらこの規律が働いておらず、規制強化を招くという結果になったが。

　では、レディメードの保険商品はなぜ厳しく規制されなければならないのか。保険は不特定多数を相手に販売されるものであり、一般の保険契約者は保険数理も知らなければ保険会社の財務を分析する能力もない。販売者と購入者の間には、計り知れない情報格差が存在する。そこで当局が登場し、保険契約者の代理人として、この情報格差を商品認可などの規制によって埋めるわけだ。

　規制対応を考える際の要諦はここにある。規制当局は、制度設計でもエンフォースメントでも、常に購入者側の代理人として、購入者保護に万全な情報格差解消を目指す。保険分野では特にそれが徹底している。当局に対しては、保険としての機能面の十分性を説明できるだけでは足りず、保険契約者

保護という視点から商品設計や募集方法をみたときに、「万全の手が打たれている」と当局を納得させられるかどうかがポイントとなる。

またこの点からみると、保険に携わる事業者がAIを含むデジタル技術を事業運営に活用することは有用である。近時の金融行政は、利用者保護のためのミニマムスタンダード——すなわち規制違反をしないこと——を金融事業者に求めるだけでなく、利用者利便極大化のためのベストプラクティスを追求することを行政の重点方針に掲げている。そのなかで強調されているものの1つが、顧客本位の業務運営、いわゆるフィデューシャリー・デューティーである。金融事業者は、顧客の資産状況、取引経験、知識、取引目的などの顧客属性を的確に把握して、その顧客にふさわしい商品の組成、販売、推奨を行うことが求められる。いわば、100人の顧客がいれば顧客対応の正解は100通りある、というなかでの業務となるわけで、データを十分に蓄積してそれを効率的に活用するデジタル技術の存在は欠かせないといえよう。

(五味廣文／元金融庁長官、BCGシニア・アドバイザー)

IT基盤の最適化、デジタル組織能力醸成

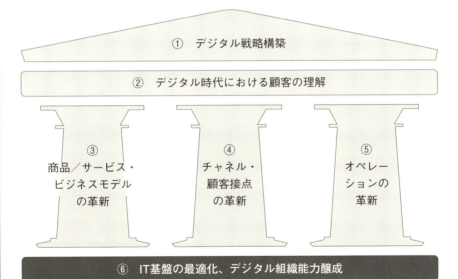

デジタルトランスフォーメーションは、「どのように既存のITシステム／ITアーキテクチャをデジタル時代のビジネスモデルに適応させるか」という大きな問いへの自社としての答えを探す取組みでもある。なかでも、基幹系を支えるメインフレーム（ホスト）、いわゆる大型汎用機を使う昔ながらのレガシーシステムの扱いは、非常に大きな課題である。

　この章では、デジタル時代に対応するためのベースとなるIT基盤、運用を支えるIT人材・組織、開発のあり方という3つの側面について解説する。デジタルトランスフォーメーションを進めるうえで、この3つの側面に共通するテーマは、いかに事業側とIT側との連携を密にし、変化に対して素早く適応できるITシステム／組織を構築できるか、ということである。まずは、IT基盤についてみていきたい。

拡大する「IT」の概念：保険会社のIT基盤

　保険ビジネスは基本的に装置産業である。だが、重要なのはシステムの完成度が高いことが競争優位につながるわけではないということだ。デジタル時代の競争優位の源泉は、急速な技術変化に対応するためにいかに柔軟で、変化適応力が高いシステムを構築できるか、というポイントだ。システムのカバー範囲が広がるとともに、その重要性はさらに高まっており、各社、多くの資源を投入している。

　かつて、保険会社のIT部門の主な役割は基幹系システムを円滑に、かつ低コストで運営することであり、ITを活用するのは保険料の計算や商品開発などを担当する一部の社員に限られていた。だが、現在では保険会社のITシステムのユーザーは募集人、さらに一般顧客にまで広がっている。顧客がウェブを通じて保険商品について調べる、あるいは営業担当が顧客のもとに出向き、営業端末を片手に保険の説明をするといったシーンでも裏ではシステムが動いているためだ。

　保険会社がグーグルやアマゾンのようなデジタル先進企業と同等の顧客体験を提供できるようにするためには、さまざまなデータを統合し、連携させ

るとともに、入力したデータがタイムリーにサービスに反映される仕組みが必要である。従来、その日入力したデータは夜中のうちに処理され、次の日に次のプロセスへと回されていたが、今後はリアルタイムでサイクルを回していくことが求められるということだ。

こうしたことを実現するには、ITアーキテクチャの広がり、機能やレイヤー間の連携に関しても、デジタル先進企業と肩を並べるレベルへと再構築しなければならない。図表6－1は、私たちが考える保険会社のITアーキテクチャの将来像の例である。全体は6つのレイヤーに分かれ、それぞれのレイヤー内の要素のうち、普通の枠が既存の要素／機能、二重枠はこれから必要となってくる要素／機能である。

① **顧客接点**：顧客向けのこのレイヤーは、顧客がどのようなデバイスを使い、どこからアクセスしており、これまでにその顧客とどのようなやりとりがあったのか、といった情報を捕捉できる顧客インターフェースを通じて、顧客一人ひとりにあわせたアドバイスや推奨ができるようにするためのものだ。本書では4章で解説した顧客接点のデジタル化の基盤となる。今後は、IoT機器やスマートデバイスからデータを収集するプラットフォームも必要になるだろう。

② **スマートプロセスと意思決定マネジメント**：顧客接点と基幹系をつなぐこのレイヤーは、意思決定エンジンやAI活用により、4章で触れた営業職員や代理店等の支援、5章の業務効率化などのシステム上の基盤となる。将来的には、顧客をより細かくセグメント分けしてきめ細かなプライシングを行ったり、顧客の視点に立ったサービスの提供を行ったりするための支援もこのレイヤーが担うようになるだろう。こうした支援は既存のレガシーシステムでは対応できない。今後は、AIによるバーチャルアドバイザー機能などを盛り込むことも検討するべきである。

③ **基幹系システム**：このレイヤーは、契約管理、保険金請求への対応、保険料収納など保険事業の基幹系業務を扱うシステム、および、リスクマネ

図表6－1　保険会社のITアーキテクチャの将来像の例

（出所）　BCG分析

ジメントや財務など、それをサポートする機能を含むレイヤーだ。このレイヤーは商品に関連する異なるシステムを統合し、保険会社が顧客に対し幅広い商品・サービスを横断した提案をできるようにする基盤となる。このレイヤーはまた、人がまったく介入せずプロセスを完結させる完全自動化を目指す際のデジタルプラットフォームでもある。今後はブロックチェーンをベースにしたシステムの活用についても検討しておくとよい。

④　**セントラルデータ**：このレイヤーには、（構造化データ、非構造化データ

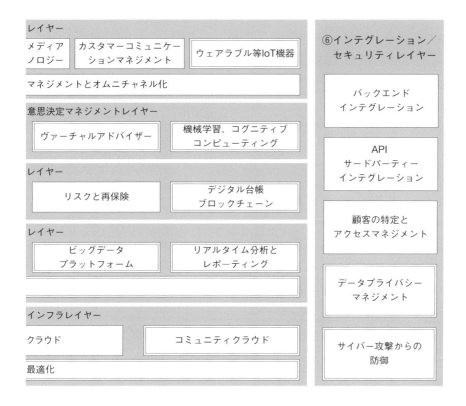

にかかわらず)すべてのデータが蓄積される。顧客情報に関しては、顧客一人ひとりにIDを付与したうえで、端数処理の仕方など細かいところまでフォーマットやルールをそろえて整備し、部門横断で活用できるようにする(会社によっては、顧客の名寄せができていない、半角とカタカナ、全角などが混在しているケースなどがまだ見受けられ、保険金不払いの元凶ともいわれる)。

このデータベースは保険会社が顧客を多角的に理解する際の"Single

source of truth"（信頼できる唯一の情報源）となり、解約や不正受給を抑制するための分析のベースとなる。

現状のレガシーIT環境では、データがシステムのあちらこちらに散らばっていることが多いためリアルタイム分析はむずかしい。ビッグデータ分析やリアルタイムの処理・リポーティングを可能とする構造化されたデータベースとデータマネジメントの仕組みの構築は今後重要な課題となってくるだろう。

⑤ **クラウドベースのインフラ**：このレイヤーを追加することで、拡張可能で高性能のデジタルサービスや、新たなデジタルソリューションを迅速に実装することができる。クラウドソリューションは、データセンターと大規模なITチームを抱えなければならない自社運用のレガシーシステムのかわりとなりうる。

⑥ **インテグレーション／セキュリティ**：このレイヤーは、フロントエンドをバックエンドのプラットフォームと切り離し、オープンAPIs（アプリケーションプログラミングインターフェース）をベースにアプリケーションを外部と統合することで、IT環境全体においてセキュリティとプライバシーを確保する。

このレイヤー構成は1例ではあるが、従来認識していた領域を大きく超えてITアーキテクチャを再構築する必要があることは間違いない。

序章で述べたように、自社の戦略と重ね合わせたときに、優先順位の高い課題は何で、自社のシステムのどこをどのように刷新するべきなのかを検討したうえで、IT基盤を再構築していかなければならない。では、どのようなアプローチ、どのようなパスウェイでIT基盤の再構築を行えばよいのだろうか。

新たなITアーキテクチャ構築：迅速に実行する

何を使うか

　日本の保険会社は、自社開発の基幹系システムを使っている企業がほとんどである。国内では、規制の問題もありシステム自体の入替えは容易ではない。さらに商品や事務が非常に複雑なことから、システムの構成も複雑に絡まった状態で解きほぐせない「スパゲッティ化」「ブラックボックス化」しているという現状がある。このため、汎用パッケージを活用するのがむずかしく、デジタルプラットフォーム構築の手段は比較的限られている。だが、現在のレガシーシステムを永久に使い続けることは不可能で、どこかのタイミングで手を打つ必要がある。

　一方、海外の企業は、さまざまなやり方で新しいデジタルプラットフォームを構築している。主なアプローチとしては、①汎用パッケージ製品を使う、②保険業界専用の統合ソフトを利用する、③クラウドベースのプラットフォームを利用する、④オープンソースのプラットフォームを活用する、の4つがあげられる。

　複雑なレガシーシステムと周辺の機能を統合させるのが大きな課題だ、という企業のなかには、IBMやオラクルなどIT大手の提供する汎用パッケージ製品を導入する企業も多い（①）。ヨーロッパのある保険会社は、レガシーシステムの上に、IBMのソフトを使用した新たな事務プロセスの管理レイヤーを構築し、プロセス変更を実行するまでの期間を10分の1に短縮した。

　損害保険会社などに多くみられるのが、保険業界向け統合ソフトウェアを導入するケースである（②）。このアプローチは既存の枠組みを超えたソリューションを求めている企業や、人手を介さずにプロセスを完結させることを目指す保険会社に適している。メットライフはアメリカのダイレクト自動車保険事業MyDirectに、ガイドワイアのソリューションを全面導入した。このプラットフォームでは、顧客との取引全体の80%がセルフサービス

化されている。

　保険業界で急速に導入企業が増えているサービスの１つがセールスフォースドットコムをはじめとする、クラウドベースのプラットフォーム（③）である。同社は顧客接点のレイヤーで2,000社以上のクライアント企業を抱え、独占的な位置を占める。アマゾンやマイクロソフトも同様のサービスを提供しており、自前のデータセンターからクラウドのプラットフォームに移行している保険会社もある。このアプローチの主な利点は、低コストで使える従量課金モデルである。あるスタートアップの保険会社は中核業務のソリューションでこうしたサービスを利用し、50,000件の見積りを処理しているが、コストは１カ月2,000ユーロに収まっているという。

　オープンソースのプラットフォームを活用する（④）ことも検討するべきだ。ビッグデータにおけるHadoopなどがこうしたプラットフォームの１例である。BCGが調査した保険会社の４割はイノベーションのスピードを上げ、オープンソースのコミュニティの人材とネットワークを構築するため、オープンソースのソリューションを活用している。この好例がメットライフの１億1,800万人の顧客を全方位的に調査するツール「Wall」だ。このツールはオープンソースのデータベース上に約３カ月で構築された。

　標準化されたパッケージ製品は使いにくいという声もあるが、ベンダーに詳細にニーズを伝えて密に協働し、使いやすいかたちに製品をアップグレードさせている企業もある。ベンダー側も、ユーザーの声にあわせて改良した製品のほうが市場で受け入れられやすいため、ウィン-ウィンの関係を築ける。競争優位がない分野では割り切ってパッケージ製品を使うというのは合理的なやり方である。さらにいえば、パッケージ製品に合わせて自社のオペレーションのほうを変えていく、というような発想の転換があってもいい。

実行に向けた道すじ

　アプローチもさまざまだが、デジタルテクノロジー活用の最終形に到達するまでの道すじも企業により異なる（図表６－２）。主な意思決定の軸は２つある。買うかつくるか、という軸と、顧客接点に絞るか、基幹系システムか

図表6－2　デジタル化に対応するITプラットフォームの変革
　　　　　投資レベルやリスクプロファイルの異なる4つの道すじ

	顧客接点のみ	基幹系システムから
自社開発	**顧客接点プラットフォームを自社開発** ・顧客との絆を強めるため顧客接点レイヤーを自社開発 ・オープンソースのプラットフォームを使うことが多い ・インテグレーションレイヤーを通じて基幹系システムを連携	**基幹系システム含めすべて自社開発** ・デジタル提供価値とその基盤となるプラットフォームを一からつくり直す ・IoT等、対顧客テクノロジーでアーリーアダプター戦略をとる
パッケージ製品	**カスタマーセントリックパッケージ** ・顧客接点レイヤーに焦点を合わせ、スタンダードなパッケージ製品を導入 ・インテグレーションレイヤーを通じて基幹系システムを連携	**保険会社向け統合パッケージを導入** ・基幹系システムを革新し、デジタルで完結する ・ガイドワイアなどが提供するパッケージを中心にアーキテクチャを構築

（縦軸：買うかつくるか／横軸：ITプラットフォーム変革の範囲）

（出所）　BCG分析

ら始めるのか、という軸だ。このトレードオフにより、投資レベルとリスクプロファイルの異なる4つの道すじが決まるが、ビジネスへのインパクトもそれぞれ異なる。どのアプローチをとるかは、変化のスピード、必要な投資のレベル、実行における柔軟性、リスク性向という4つの要素により決まる。

　図表6－2の左下は、顧客接点のレイヤーにパッケージ製品を導入するアプローチである。ごく一般的なデジタル機能があれば十分であり、デジタルの分野で優位性を築く必要は当面ない、と考える企業に向く。自社の既存のレガシーシステムが安定して稼働しているのが条件となるが、相性の良いパッケージ製品を利用すれば、フロントエンドとレガシーシステムは容易に統合ができる。従量課金のため初期投資も少なくてすむが、素早く実験を行ったり、抜本的なイノベーションを行ったりする際は制約となる。導入の

際は、データの一貫性を担保するのが大きなチャレンジである。レガシーシステムを横断するかたちで顧客情報を集める際には特に注意が必要だ。

　左上の、顧客接点のレイヤーで自社開発のプラットフォームを構築するアプローチは、厳しい競争に直面し、即効的な差別化が可能なデジタルソリューションを求めている企業に最適なオプションである。レガシーシステムが安定して稼働しており、新しいプラットフォームとレガシーシステムをスムーズに統合できる組織能力を備えていることが条件となる。どれくらいのスピードで変革を実現できるかは、保険会社が社内にどの程度素早くエンジニアリングの組織能力を構築できるかにかかっている。カスタムメードのプラットフォームはパッケージ製品より低コストであることが多い。顧客回りの業務はすべてコントロールできるが、カスタマージャーニーを最初から最後までカバーしようとすると、レガシーベースのバックエンドシステムが制約となる。

　AIGは、自社の新しいフロントエンドのアプリケーション構築に際して、このアプローチをとっている。カリフォルニアのハイテク産業集積地の中心に「モバイルイノベーションセンター」を設立し、専任のデータサイエンティストチームを立ち上げ、カスタムメードの分析エンジンを開発した。同社はその後、基幹系システムも、レガシーから大手ソフトウェアプロバイダーの提供するソリューションへと段階的に移行した。また、チャネルや商品を横断して参照可能な統合的データベースを構築するため、データレイク（データの保管施設）を設置している。

　右下の、基幹系システムからパッケージ製品を導入するアプローチは、耐用年数が終わりに近づき、分散的なレガシーシステムに悩む企業に最適なオプションだ。しかし、基幹系システムを刷新し、プロセスの初めから終わりまでのデジタル化を実現するこのアプローチは、事業プロセスの抜本的見直しを伴う大規模な変革が必要となる。途中で失速してしまわないためには、トップのコミットメントが必須だ。さらに、大きな先行投資（年間IT予算の100〜150％）も必要となる。トランスフォーメーションには、一般的に2年

以上かかる(生命保険会社ではさらに長くなる)。だが、白紙の段階からプロジェクトを始めれば、この期間は6カ月程度まで短縮できる。

オランダの大手保険会社Achmeaは、効率性、柔軟性の向上、イノベーション強化を目指して、アプリケーションとデータ全体を、フェーズを区切って段階的にSAP社のソリューションへと移行した。SAPのプロダクトをベースに、フロントエンドとバックエンドの基幹システムを統合し、見積りから引受、保険金の支払に至るまで、デジタル化された顧客サービスとプロセスを導入した。このソリューションにより、同社は新商品を数週間で開発できるようになった。

右上の、基幹系システムから新たに自社で開発するアプローチは、最もハードルが高いが果実も大きい。テクノロジー主導のイノベーションを戦略的優先事項とする企業がとるべきオプションである。このアプローチをとるには、デジタル先進企業と肩を並べる、世界トップクラスのエンジニアリング組織能力が必要だ。投資のレベルは、ビジネスモデルの複雑さにより変わるが、必ずしも法外な投資である必要はない。ある企業はゼロから自動車保険事業を立ち上げたが、開発チームのメンバーは少数だった。新規導入であれば1年程度の期間で可能な場合もある。規制がより大きな制約になることもよくある。主なリスク要因は、優秀なエンジニアの争奪戦の激しさから、引抜きなどによりエンジニアチームの戦力が低下した際、自社で開発したソフトウェアのメンテナンスが困難になることだ。

デジタルトランスフォーメーションに向けた組織能力向上

デジタルトランスフォーメーションを可能とする、変化に対して素早く適応できるITシステム／IT部門を構築するには、IT部門が事業・戦略に直接に貢献できるような組織能力を身につけなければならない。IT部門のリーダーは以下のポイントについて考える必要がある。

・トランスフォーメーションを推進するには、具体的にどのような組織能力

が必要か——トランスフォーメーションのタイプにより、求められる強みは異なる
・現在の自社のIT組織の能力はどのレベルにあり、目標の実現のためにはどのレベルまで組織能力を引き上げる必要があるか——自社の現状と、目標とのギャップを特定する
・どうすれば組織能力を向上できるか——最も大きな改善が必要な領域を特定し、明確な成果ベースのイニシアティブを立ち上げる

こうしたポイントについて検討する際には、BCGを含む産業界、学会、公共組織の国際コンソーシアム「イノベーションバリューインスティテュート（IVI）」が開発した、ITケイパビリティマチュリティフレームワーク（IT-CMF）を参考にできる。IT管理の成熟度を可視化する枠組みはほかにもあるが、IT-CMFは、ITのビジネスへの貢献という側面に重点を置いた唯一の枠組みである。

図表6－3に示すように、IT-CMFはITを通じた価値創造に関連する、36の組織能力からなる。36の組織能力は、戦略プランニングや、ビジネスプロセスマネジメント、リスクマネジメントなど、「ITをビジネスとして管理する」グループと、資金を調達・配賦するなど「IT予算の管理」のグループ、ITアーキテクチャの管理や研究開発、ナレッジマネジメントを含む「IT組織能力の管理」、さらには効果のアセスメントやポートフォリオマネジメントを含む「事業価値向上に向けたIT管理」の4つのグループに分類できる。組織能力診断は、専門知識を有するスタッフが4～6週間かけて、IT部門のマネジメント層へのインタビューやスタッフを対象にしたオンラインサーベイなどを行い、36の組織能力につき、それぞれ5段階で評価していく。結果は同業他社等と比較することができる。

トランスフォーメーションを推進するには、具体的にどのような組織能力が必要か

トランスフォーメーションを始めるにあたり、まず現在の自社の組織能力

を明確に理解する必要がある。そのうえで、自社の目指す変革を行うために、何が必要な組織能力なのか、自社にとって優先順位の高い組織能力は何かを特定する。36の項目をご覧いただければよくわかるが、IT組織能力は多岐にわたるため、すべてにおいてベストを目指すのは非現実的だ。

　変革のタイプにより、必要な組織能力は異なる。たとえば基幹系システムを刷新するのであれば、「プログラム／プロジェクトマネジメント」など大規模プログラムの円滑な推進に関連する組織能力が必要となる。シンプルで効率的なITシステムを目指し、構造的なITコスト削減をしたいのならソーシングマネジメントやコストマネジメントが必須の組織能力となる。そしてデジタルトランスフォーメーションの場合は、事業部門のニーズをくみ取りうまく協働する組織能力、つまり戦略プランニング、ビジネスプロセスマネジメントや、実際に新たなサービスを開発・提供するためのイノベーションマネジメントやITソリューションの開発・適用といった組織能力が重要となるだろう。

目標の実現のためには組織能力をどの程度引き上げる必要があるか

　トランスフォーメーションを円滑に進めるには、特定の領域のIT組織能力の向上が必要となるが、組織能力の向上は一般的には日常業務の一環と考えられ、トランスフォーメーションの文脈において必要な予算や注目を集められないことが多い。

　IT-CMFの実践的な適用法の１つが、ITのリーダーと事業部門のリーダーが膝詰めで議論し、優先順位の高い組織能力と、目標とするレベルを決めていく、というやり方だ。図表６－４は、企業の現在のIT組織能力と、デジタルトランスフォーメーションをはじめとするさまざまなIT変革を進めるうえで目標とするべきレベル、そして業界平均とを比較したものだ。こういったアウトプットがどの組織能力の向上に投資するかの意思決定を助ける。特に、この例では重要な組織能力についての認識が、社内の見方とIT-CMFのようなファクトをもとにした客観的な枠組みで異なることを示している。

図表6−3　主要IT組織能力

ITをビジネスとして管理する		IT予算の管理	
AA	ITコストの課金・配賦	BGM	予算管理
BP	ITビジネスプランニング	BOP	予算監視とパフォーマンス分析
BPM	ビジネスプロセスマネジメント	FF	資金調達と財源供与
CFP	キャパシティ予測と計画立案	PPP	ポートフォリオマネジメントと優先順位づけ
DSM	ITサービスの需給管理		
EIM	情報マネジメント		
GIT	グリーンIT		
IM	イノベーションマネジメント		
ITG	ITリーダーシップ&ガバナンス		
ODP	組織設計と組織計画の立案		
RM	リスクマネジメント		
SAI	サービス分析・インテリジェンス		
SRC	ソーシング		
SP	戦略プランニング		

（出所）　Innovation Value Institute（IVI）

どうすれば組織能力を向上できるか

◆**トレーニングと組織設計の各要素の見直し**　組織能力の向上には非常に時間がかかる。1つの組織能力のレベルを1上げるには、焦点を絞って十分

IT組織能力の管理		事業価値向上に向けたIT管理	
CAM	IT組織能力診断・マネジメント	BAR	ベネフィットのアセスメントと実現
EAM	ITアーキテクチャの管理	PM	ポートフォリオマネジメント
ISM	情報セキュリティマネジメント	TCO	コストオーナーシップ
KM	ナレッジマネジメント		
PAM	IT関連の人的資産の管理		
PDP	個人情報保護		
PPM	プログラム／プロジェクトマネジメント		
REM	リレーションシップマネジメント		
RDE	研究開発とエンジニアリング		
SRP	サービスの設定・提供		
SD	ITソリューション開発・適用		
SUM	サプライヤーマネジメント		
TIM	技術インフラの管理		
UED	ユーザーエクスペリエンスデザイン		
UTM	ユーザー研修の管理		

な資源を投入し、真摯に取り組んだとしても、1年半から2年かかるのが標準である。それぞれの組織能力を高める研修プログラムを設計・実施することに加え、適切なアカウンタビリティ、プロセス、ツール、意思決定

図表 6 - 4　IT-CMFによりトランスフォーメーションを進めるために何に投資す

変革のタイプ	組織能力 (IT-CMFの分類)		成熟度（5段階） 低　1　　2
デジタルトランス フォーメーション	ITG	ITリーダーシップ＆ ガバナンス	▲
	BPM	ビジネスプロセス マネジメント	▲
基幹系システムの刷新	BP	ITビジネスプランニング	▲
	SP	戦略プランニング	▲
ITコスト構造の変革	DSM	ITサービスの需給管理	▲
IT再構築	CFP	キャパシティ予測と 計画立案	▲
	RM	リスクマネジメント	▲

● 3年後の目標　　■ 最重要組織能力
▲ 現時点での成熟度　■ 重要な組織能力
-- 業界ベンチマーク　■ 優先度の低い組織能力

（出所）　Innovation Value Institute（IVI）"IT-CMF executive assessment"、BCGプロ

等の仕組みを組織に埋め込まなければならない。

◆**各自のスキルの見える化**　全体としての施策を講じる一方で、「だれがどんなスキルをもち、何ができるのか」をミクロの視点で「見える化」し、研修プログラムの対象者を特定する際などに活用できるようにすることも必要だ。得意な仕事、得意な技術、得意な業務領域の3つ程度を基準に、まとめておくとよいだろう。人事部門が同種のデータベースをもっているケースも多いはずだが、IT関連スキルに特化したかたちで、独自に作成しておくべきである。

◆**新たな人材の採用**　新たな人材を採用することも必要になってくるだろ

べきか明らかに

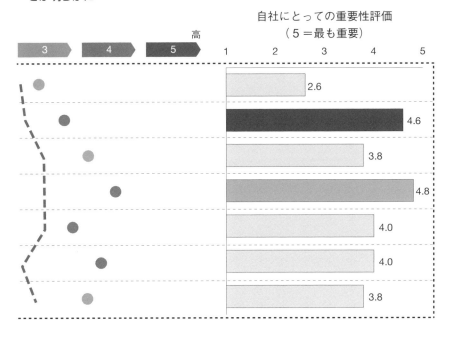

ジェクト

う。これまで求められていた能力に加え、UX／UIのデザインの継続的改善を担う人材、データの行き来をシームレスにするという観点から「どういうチャネルをだれが使ったらどんな情報が連携されるべきか」といったデータの流れをみる人材、レスポンスを速めるためにシステム自体をどのような構成にするかを考える人材、ビッグデータの活用を保険会社の付加価値につなげていく人材などが、新たに市場価値を高めていく。

　ビッグデータを使って新しい保険商品・サービスを実現するなど、保険会社の仕事のやり方、あるいは保険会社が顧客に提供する付加価値に対して、IT部門主導によるイノベーションを起こしていくため、各種の提案

をするターゲットが、日々システムを使うユーザーではなく、経営層が主になる、というレベル感の違いもここでは理解しておくべきだろう。

　こうした状況から、保険会社生え抜きのIT人材に新しい領域のデジタル戦略を任せられるケースばかりではないのが現実だ。エクスペリエンスデザイナー、アジャイルコーチ、AIエキスパート、データサイエンティスト、ソリューションアーキテクトなど、これまでなじみのない役割を担う人材を擁するチームをデジタル先進企業並みのスケールでもたなくてはならなくなると予想される。

　一部のグローバル保険会社が、こうした要請に対応し、モバイルやデザイン、リアルタイムのデータ分析などを行う専門のチームを新たに立ち上げているのはそのためである。同じ金融機関でも銀行などは早くからシリコンバレーからIT人材を採用し、デジタルイノベーションへの対応を急いでいた。保険会社は対応が遅れていたところだが、いよいよ「ITの変革なしでは戦えない」時代が到来したことから、人材獲得を急いでいる。

　しかし、これまでの保守的な保険会社の人材とは異なるDNAを注入するわけで、そこに軋轢が生じることもしばしばだ。いわゆる「エッジの効いた」人材が活躍するには、別のハコ、別の仕組みを用意する、新たなキャリアパス、評価や処遇の仕組みを入れるなど、経営側のサポートが欠かせない。

◆**組織構造の再設計**　新たなデジタル人材を社内に取り込む際の組織構造については、いくつかのモデルが想定される（図表6-5）。

　1つは「黒船モデル」。新たなハコと人材で構成されるデジタル戦略子会社をグループ内に設置する。先進企業などから引き抜いたディスラプター（破壊者）をグループ内部に取り込み、その「黒船」ともいえる外圧により、大企業が陥りがちなイノベーションのジレンマを打ち壊そうというものだ。ディスラプターによるイノベーションを妨げるものは少ないが、その分、子会社のガバナンスはむずかしくなる。また、厚待遇を受ける彼らを目の当たりにする内部人材のモチベーション低下も懸念される。

図表6-5 デジタル戦略実現に向けた組織体制・人材確保の考え方
エッジの効いた人材が活躍するには別のハコ・別の仕組みが必要

モデル		体制イメージ	想定されるチャレンジ
黒船モデル	新たなハコ／人材で構成される戦略子会社をグループ内に設置 ・ディスラプターをあえて内部に設け、外圧を活用してイノベーションのジレンマに自ら備える	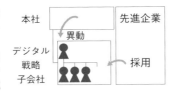	子会社のガバナンス ・DNAの異なる人材たちがやりたい放題 内部人材のモチベーション低下 ・ディスラプターたちが厚待遇で社内に囲われている
出島モデル	既存の組織から切り離された新たな戦略子会社に新たなミッション ・ただし、社内人材によるマネジメントで既存ビジネスとの連携を担保		外部人材の活用 ・本社／社内人材であるマネジメントの発想／力量が外部活用の壁に
宣教師モデル	本社内に専担部署を設置し、ハイスペック技術者を外部登用 ・外部人材の登用を通じ、先進的な知見・技術を移植 ・本社内部から変革を推進		ハイスペック人材のつなぎとめ ・既存の人事・処遇制度、組織文化では「異質」な人材の活躍が困難
遣欧使節モデル	外部で経験を積んだ社内人材を専担部署に配置 ・出向先先進企業から知見・ノウハウを持ち帰り、本社内部から変革推進		外部での学びの社内移植 ・何をどこまで学べるか不確実 ・戻ってきても多勢に無勢

(出所) BCG分析

このモデルは、純粋にデジタル関連の組織能力を高めるという意味では最も大きな効果が期待できるが、それだけ自社組織に与える影響やリスクは大きい。

「出島モデル」は、既存の組織から切り離された新たなデジタル戦略子会社に、新たなミッションを与えるというもの。しかし社内人材をマネジメントに送り込むことで、既存ビジネスとの連携を担保する。外部人材を活用することでイノベーションを試みるものの、社内人材であるマネジメントの発想／力量が、外部活用の障壁となるおそれがある。

「宣教師モデル」は、デジタル専担部署を社内に設置、ハイスペックな技術者を外部から登用するもの。その外部人材から先進的な知見・技術を移植し、本社内部からの変革を推進することに主眼を置く。ただし、本部における既存の人事・処遇のもとでは、彼ら異質な人材をつなぎとめることができるかどうかに課題が残る。

「遣欧使節モデル」は、外部で経験を積んだ社内人材を、本社のデジタル専担部署に配置するというもの。出向先の先進企業から知見・ノウハウを持ち帰り、本社内部から変革を推進する。とはいいながら、シリコンバレーに出向したとしても、何をどこまで学べるかは不透明であり、本社に戻ってきても、変革を望まない多勢の前では、無力である。

デジタル人材を組織で活用する際に念頭に置かなければならないのは、「遠心力」と「求心力」のバランスをどうとるか、である。遠心力を重視し外部の人材が進める新しい試みを積極的に後押しすれば、いままでにないやり方や事業が実現する可能性もあるが、効き過ぎると、社内にきしみが生じるだろう。さらに、投資ばかりがかさみ、本体の事業にプラスにならないこともある。収益化するとしても、それがあまりに先になるのであれば、現経営陣としてはどう刈り取るかを考えながら進める必要がある。一方、求心力を効かせ過ぎると、良いアイデアが出ないばかりか、デジタル人材を組織内に引き止めることすらむずかしくなる。目指す姿やガバナンスの仕組みなどにより最適な解は異なるが、このトレードオフをどうマ

ネジメントするかは、どの企業でも大きな論点となるだろう。

アジャイルの導入：
開発の新たなあり方、そして新たな働き方

　デジタル戦略を構築し、IT基盤への投資を決め、必要な組織能力を確保しても、開発のスピードが十分でなければ3年後、5年後といった期限内にローンチできない可能性がある。大きな案件の完成を目指して、数年単位の計画を立てていても、その間に新たな技術が次々に開発され、前提としていた技術が陳腐化してしまうということも考えられる。変化に機動的に対応するには、短い期間で新しいプロダクトやプログラム、プロセスの開発を行うことが求められており、そのためには開発の進め方や考え方も変えていく必要がある。そこで、いま注目されているのが、「アジャイル」である。アジャイルは、デジタル戦略の実現を担保するための1つの重要なエッセンスである。

　これまで、システム開発は一般的に「ウォーターフォール」と呼ばれる手法で行われてきた（図表6－6）。これは、全開発工程をいくつかの局面に分割し、1つの工程が完了したら、次工程に進める、というプロセスを通じ、数年単位で大規模なシステムをつくりあげていく手法だ。まずはユーザー側で自社がほしいシステムの要件をじっくりと議論し、スケジュールを含め、細部まで書類に落として、開発側に渡す。開発側は、それをもとに設計書を作成し、合意ができたら実際につくり始め、テスト、ローンチと順を追って進める。

　このウォーターフォールは、要件や技術が明確な場合に適した手法だ。開発に着手してから要件に変更が出て、手戻りがあると開発に遅れが出る。最終成果物やスケジュールを初期に確定して粛々と進めるやり方は合理的でもある。

　だが、欠点も多い。まずは、長い開発期間の間に技術が陳腐化するリスクがあることだ。さらに、すべてを決めきらないと前に進めないため、時間が

図表6－6　大企業の従来型スタイルとアジャイルの違い

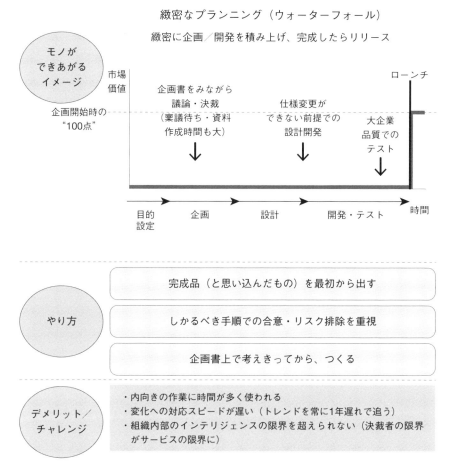

（注）　MVP＝Minimum Viable Product
（出所）　BCG分析

かかるという点もあげられる。100の要件のうち99が決まっても、最後の1が決まらないために全体のスケジュールが3カ月遅れる、といったことが起こりうるのだ。よくよく聞くと、最後の1はユーザー目線ではあってもなくてもよい要件だった、ということもあるが、そのために開発コストがふくら

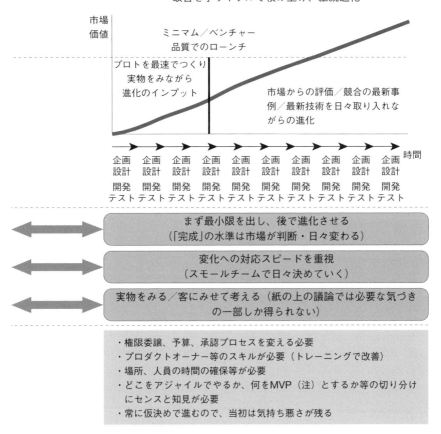

むというケースが発生してしまう。

　また、書類をベースにしたコミュニケーションでは、伝わりにくいという点もあげられる。要件定義書、設計書、テスト仕様書等々、ウォーターフォールでシステム開発を行う現場では、ユーザー側が大量の書類を精緻に

つくり込んで開発側に渡し、その後の書類修正のなかで時間をかけて相互理解を深める。にもかかわらず、仕上がったシステムがユーザー側のニーズと微妙にずれている、ということが往々にして起こる。システム開発側が、ユーザーのニーズを理解していなかったり、アウトプットをもとにしたコミュニケーションがないために、ユーザーが本当は何がしたかったのかをわかっていなかったりすることがこの根底にある。

これに対し、アジャイルは、「早く試して、早く成果を出す」ことを目指す手法である。もともとは小規模なチームで次々と開発を進めていくアプリのゲームなどの開発手法で、早期に価値を提供できる最小単位（MVP：Minimum Viable Product）に分解して段階的にリリースすることで着実に成果を出していく。短い期間（2〜4週間、スプリントと呼ぶ）を単位に、開発から、レトロスペクティブと呼ばれる振り返り、検証を繰り返す。何度もこのサイクルを回しながら、はじめに定義した最終成果物についてもつど見直しをする。図表6-7は、アジャイル開発の進め方の概念図である。4章で紹介した「BCGにおけるカスタマージャーニー基点のデジタル化プロジェクトの例」でもこの手法を活用している。あわせてご参照いただきたい。

アジャイル開発は以下のような考え方をベースにしている。

- **反復的**：アジャイル開発では、正しい答えにたどりつくまで何度も開発、検証のループであるスプリントを繰り返す。スプリント期間が短いということは、チームが容易に方向性を変えられ、素早く反応できるということだ。進歩は目にみえ、予測しやすいため、デリバリーリスクは徐々に低減する。
- **経験を重視**：アジャイルチームはウォーターフォールでは一般的な計画や予測、前提などではなく、テストの結果など、実際の顧客を対象にしたリアルタイムの指標を重視して進める。スプリントのメリットの1つは、経験に基づくフィードバックによりチームが自己修正できることだ。チームはまた、こうした活動を緊密に測定・追跡している。

図表 6 − 7　アジャイル開発の進め方

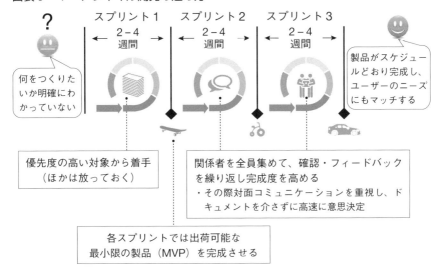

（出所）　BCG分析

- **組織横断的**：アジャイルチームでは関連する事業部門、マーケティング、開発、（業界によっては）リスクマネジメントなど複数の部門出身のメンバーが、事業部門側の経営層や顧客からのフィードバックを反映するため緊密に協働する。メンバーはそれぞれ異なる役割と責任を負う。
- **専任メンバー**：アジャイルチームは専任メンバーで構成される。メンバーはいくつものプロジェクトを同時に進めることはなく、自身の義務を果たさずにチームを離れることはない。この期間中にアカウンタビリティの感覚が育つ。

持続的に改良を重ねる

アジャイルソフトは継続的に改良を進め、顧客満足を目指して定期的にアップデートされる。

アジャイル開発の利点としては、開発期間の短縮や、コスト削減、技術の進展にあわせた柔軟な対応が可能である点があげられるが、大企業の基幹系システムの開発にはアジャイルは適していない、という認識が広がってい

る。

　その理由の1つが、当局の意向だ。プロセスをしっかり組んで、開発プランをつくって進めていくべき、という要請が根強い。また、業務とシステムの両方に精通したプロダクトオーナーとなるべき人材が少ないこと、さらに、企業内部の既存の開発標準があることも、アジャイル思想の制約になっている。リスクをとる仕組みがない、リスクを担保しながらアジャイルを入れていくためのプロセスやガバナンスの設計がむずかしいという問題もある。

　だが、アジャイルを導入するメリットは、実はシステム開発の領域のみにとどまらない。BCGでは、最も大きなインパクトは、アジャイルの仕事のやり方や考え方を導入することによる生産性の向上だと考える。大企業にアジャイルを導入する際は、アジャイル＝スクラム、と狭くとらえて教科書どおりに実行しようとするのではなく、その会社なりのアジャイルの型をつくることが重要だ。BCGでは、アジャイル導入はガバナンスや、リスクをとる仕組みを含め、組織を本質的に強くするためのトランスフォーメーションだととらえ、大企業への導入を数多くサポートしてきた。BCGが支援する企業では、できることからパイロットを始め、3年かけて8割程度までアジャイルの割合を高めたケースもある。こうした経験から抽出した5つのポイントを以下で解説したい。

◆**トップがコミットし、組織全体の腹落ちを担保する**　意思決定のスキーム、ガバナンス、役員・事業部門を含めた働き方を変えていかなければアジャイルの考え方や働き方を組織に根づかせるのはむずかしい。それには経営トップのサポートが必要だ。意思決定をスムーズに進めるためには、役員層や事業部門サイドにもアジャイルの思想を理解してもらわなくてはならない。そうでないと、事業部門側が決めきれない、優先順位をつけられないことで、開発部門にしわ寄せがくることもある。組織全体に向けて研修をする、アジャイルのプロジェクトを行う際に関係者を巻き込みハン

ズオンで行うなど、さまざまなやり方が考えられる。

　アジャイル導入に向けたトランスフォーメーションはペースが速く、部門横断的に行わなければならないことから、経営層のなかにも不協和音が生じることがある。トップが強力かつ持続的にサポートしなければ、元に戻ってしまう。あるヨーロッパの大手銀行のCEOは、「自社を「銀行」ではなく、「金融商品を扱うIT企業」として運営したい」と宣言し、根気強く経営陣や中間管理層に説き、自身の時間を投入して問題解決を進め、効果をあげていった。

◆**パイロットを行う**　大企業では、アジャイルを自社で活用できるか、組織がアジャイルの基本原則を受け入れられるかを見極めるため、まずはパイロットで小規模に始める必要がある。パイロットの成功をみて、段階的にロールアウトすることで、改革に弾みをつけ、組織能力を高め、アジャイルの原則を組織全体に浸透させることができる。

　アジャイル開発ではプロダクトオーナーを1人決め、開発者とユーザーの間の調整や意思決定を行うが、この役割を担う人材は、テクノロジースキルと事業に関するスキルの双方を備えている必要がある。こうした人材を何人も、すぐに手当てするのはむずかしいだろう。社内で育成するにもかなりの時間がかかる。よって、すべての開発案件でアジャイルを完全に導入するのはむずかしいが、パイロットから始めて少しずつ組織全体に拡大することで、こうした人材を育てながら大規模展開に向けたモメンタムをつくることができる。

◆**改革の分岐点を乗り切る**　パイロットフェーズが終了したら、少しずつアジャイルを適用する業務の幅を拡大していく段階となるが、この局面は組織に不必要な混乱をもたらさないよう、慎重に進める必要がある。アジャイルを受け入れるのは実際容易ではないからだ。

　パフォーマンスマネジメントなどのHRプロセスは個人に焦点があわせられ、部門横断的なチーム全体のパフォーマンスを評価するようには設計されていない。また、アジャイルは最終的には従来のウォーターフォール

に比べ低コストを実現できる手法ではあるものの、開発過程ではこれまでにない柔軟性が必要となり、予算設定のプロセスにも影響を与えるなど、ガバナンスの問題も生じがちだ。ITインフラは継続的にアップデートができるように設計されておらず、アウトソースされている機能もある。既存の開発チームの抵抗にあうこともあるだろう。

こうしたコンフリクトは自然には解消しない。アジャイルのカルチャーを根づかせ、行動を促すためには、経営層が積極的に介入し、研修や人材開発に投資をしなければならない。

◆ **正しいKPIを使い、しつこく計測し続ける** アジャイルの究極的な目的は、事業のパフォーマンス向上だ。よって、測定し、チームが責任を負わなければならないのは事業のパフォーマンスだろう。もし銀行のアジャイルプロジェクトの目標がクレジットカードの申込みにおける脱落率を抑制することであれば、脱落率が最も重要な指標となる。だが、事業を向上させるためには、ソフトウェアの信頼性や、セキュリティ、複雑性や規模なども同時にみていく必要がある。ソフトウェアの測定ツールを利用して、アジャイル開発による生産性や質の向上を見える化することも検討するべきだ。

◆ **立ち止まらない** アジャイル開発は一度試してみただけでは意味がなく、継続して取り組んでいかなければならないテーマだ。持続的にモニタリングし、軌道修正していくことで、組織にアジャイルの原則を根づかせる。アジャイルを定着させる施策はいくつもある。たとえばそれぞれのアジャイルプロジェクトのリーダーによるチームを組成し、ベストプラクティスを共有している企業もある。アジャイルを組織に浸透させるには、スタッフ、特に開発スタッフが最も良い仕事をするための組織コンテクストを整えることが肝要だ。

これまで、保険会社の経営層の間では、ITは専門家にしかわからない閉じた世界であり、スペシャリストを集めて任せておけばよい、という考え方

が支配的だった。一方でITの専門家たちは、いかに精緻なシステムをつくりあげるか、に注力してきた。だが、IT基盤、組織・人材、開発のやり方と、IT／デジタルをめぐる要素がどう変化していくかを考えるなかで共通していえることは、デジタルを競争優位の源泉とするための最も大きなカギは、経営層がIT部門、ITシステムを理解しようとすることだ。デジタル化とは、どのような技術を使いこなすか、という話ではない。経営層、さらにこれから経営に携わる人たちが一体となって、デジタル化に適応できる柔軟なITシステム、ひいてはビジネスをいかにつくりあげていくか、ということである（図表6-8）。

最後に経営学者L.C.メギンソンによるダーウィンの解釈をご紹介したい。
──最も強いものが生き残るのではなく、最も賢明なものが生き残るのでもない。最も変化できるものが生き残るのだ。

図表6-8　デジタル化はビジネス全体のトランスフォーメーションが成功のカギ

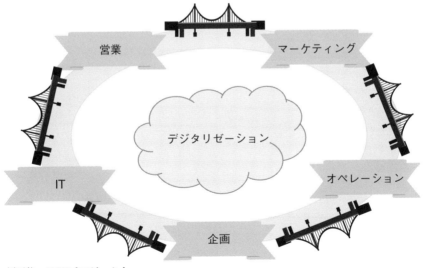

（出所）　BCGプロジェクト

| コラム | プロセスマップの描き方 |

　BCGが営業、事務、IT開発・運用、リスク管理・コンプライアンス・主計等の経営管理などのオペレーションの改革を支援する際に、まず初めに行う作業が「プロセスマップ」で業務フローを可視化して、課題を把握することだ。

　プロセスマップとは、「だれが」「どのようなタスクを」「どのような順番で」「どのような時間軸で」「どのような情報・ツールを用いて」「何をアウトプットするか」をチャート形式で示すものである。一般的には、登場人物を縦軸に並べ、横軸にタスクを時系列で一覧化し、それらの関係性を線でつなぎ、フローチャートとして示していく。必要に応じ、利用する帳票・システムや、個々のタスク間で流れる情報内容も付記する。

　作成方法としては、業務マニュアルや帳票・システムなどをみながら可視化する方法、関係者へのインタビューを通じた作成、ワークショップ形式で付箋を活用して共同で作成する方法など、多様な作成方法がある。既存文書の充実度、業務範囲・関係者の広さ、現場担当の初期の巻込み要否、与えられた時間等を考慮し最適な方法を選定する。

　プロセスマップの作成は相応に工数のかかる作業ではあるが、課題を可視化し検討のベースを確立するうえできわめて重要な成果物である。時には、1枚のプロセスマップが、経営課題の本質を突き、オペレーション改革の重要な経営判断を促す場面もある。

　プロセスマップを有効に活用するためのポイントをここでは3点あげておきたい。第一に「実態ベース」で作成することである。「マニュアルではこうなっているはず」「本来はこうあるべき」というフローを初期段階で作成しても、課題の本質はみえてこない。まずは現場の末端で何が現実として起こっているかのファクトを正確に把握し可視化することが肝要である。

　第二に「一気通貫」で描くことである。プロセス上の課題は往々にして、各組織の間やプロセス間のつなぎに生じることが多い。互いに連関する複数のプロセスをつなげて全体を俯瞰することにより、重複などの無駄や抜けもれ等のリスクがみえることが多い。

　最後に「経営の意思決定につながる課題の指摘」である。回路図のような詳細なプロセスマップを描くだけでは、経営判断には活用できない。作業自体に溺れることがないよう、何が経営にとっての課題か、その背後にある真

因が浮き彫りになるようなマップを示すことが本来の目的であり、そのメッセージに合致した粒度やみせ方が必要となる。

あとがき

　本書は、近年のデジタルテクノロジーの急速な進展のなかで、保険業界の方々が大きな企業変革、トランスフォーメーションを実行していく際に参考にしていただくことを想定して、BCGジャパンの保険グループが実際のプロジェクトでの経験をもとに執筆した。

　保険業界は、長い歴史と伝統をもつ業界であるとともに、デジタルを積極的に取り入れた新しい革新も許容されるマーケットで、お客様もそれを望んでいる。競争環境は厳しいが、これほどチャレンジングで魅力的な市場はほかにはないのではないか。本書のなかでも何度か触れているが、私たちは、日本の保険市場は「成長市場」である、と信じている。さらに、よくいわれるような成熟産業ではなく、まだ夜明けの状況にあり、それが、デジタル技術の進展により大きく加速化される、とみている。

　その一方で、現状、優位なマーケットポジションにある会社も、それを持続していくためには不断のトランスフォーメーションを成し遂げることが求められる。いい方を変えれば、あらゆるプレーヤーにチャンスがある業界だともいえる。シェアの小さいプレーヤーでも、顧客に支持される商品・サービスを提供することができれば、シェアを飛躍的に成長させることができる非常におもしろい業界だということだろう。

　私たちは、業務上、さまざまな保険会社や募集人の方とお会いする機会がある。また、保険の顧客にも話を聞くことが多い。その際一様に感じるのは、保険の社会的な役割や必要性について、皆が非常に強い思いをもっているということだ。こう書くと青臭く聞こえるかもしれないが、社会にとって、保険というものは、なくてはならないものだと思っている。あわせて、その保険という形態は、常に社会の変化にあわせて進化することが求められているということも感じている。

　むずかしいのは、保険というものは、基本的には長期の安定性が求められ

るものでもあることだ。変化にあわせつつ、安定しなければならないという二律背反に思えることを両立するというのが保険に携わる「保険パーソン」としての責務だと思う。本書が皆様の今後の業務において少しでもお役に立てれば、また、社会における保険の役割の発展に少しでも貢献できれば幸いに思う。

　最後になるが、本書の執筆・出版にあたってご協力いただいた方々にこの場を借りてお礼を申し上げたい。まず、きんざい出版部の堀内駿さんには出版に向けて貴重なアドバイスとご支援をいただいた。編集、進行管理などではBCGのエディター嶋津葉子さんに、データ収集・分析や資料作成では同じくナレッジチームの金子佳子さん、吉岡舞さんの力を借りた。秘書室の久須美志保さん、久末くるみさん、阿部未乃莉さんには、執筆者チームのタイトなスケジュールの調整をしていただいた。心よりお礼を申し上げたい。

【執筆者略歴】

佐々木　靖（ささき　やすし）

ボストン コンサルティング グループ（BCG）マネージング・ディレクター＆シニア・パートナー。BCG日本支社長兼北東アジア総責任者。慶應義塾大学経済学部卒業。INSEAD経営学修士（MBA）、ロンドン・スクール・オブ・エコノミクス修士（MSc）。株式会社日本興業銀行（現みずほフィナンシャルグループ）を経て、現在に至る。銀行、保険会社、証券会社を中心に、中長期戦略、デジタル戦略構築、組織変革、営業改革などのプロジェクトを数多く手がけている。

堀川　隆（ほりかわ　たかし）

BCGマネージング・ディレクター＆パートナー。東京大学理学部卒業。日本アクチュアリー会正会員。株式会社三和銀行、ING生命保険株式会社、AIG株式会社等を経て現在に至る。BCG保険グループ、金融グループ、およびマーケティング・営業・プライシンググループのコアメンバー。保険、銀行、証券など金融業界を中心に、デジタル化などオペレーション改革、営業チャネル戦略（直販・デジタル・代理店・窓販など）、カスタマージャーニー構築、M&A実行支援等のプロジェクトを数多く手がけている。

高部　陽平（たかべ　ようへい）

BCGマネージング・ディレクター＆パートナー。慶應義塾大学環境情報学部卒業。IT系コンサルティングファームを経てBCGに入社。BCGミュンヘン・オフィスに勤務した経験を有する。BCG保険グループのアジア・パシフィック地区リーダー。同金融グループ、ハイテク・メディア・通信グループ、テクノロジーアドバンテッジグループのコアメンバー。BCGのデジタル専門組織であるDigital BCGの日本リーダーの1人。保険、金融を含む幅広い業界の企業に対する、デジタルトランスフォーメーション支援の経験が豊富。

指原　俊史（さしはら　としふみ）

BCGマネージング・ディレクター&パートナー。東京大学法学部卒業。東京海上火災保険株式会社を経て現在に至る。BCG保険グループ、消費財・流通・運輸グループ、オペレーショングループのコアメンバー。保険、流通などの業界に対し、デジタルトランスフォーメーション、オペレーション改革、全社業務効率化／コスト削減・人材活用戦略をはじめとする数多くのプロジェクトを手がけている。

竹内　達也（たけうち　たつや）

BCGマネージング・ディレクター&パートナー。東京大学教養学部卒業。同大学院総合文化研究科修士。ドイツ銀行を経てBCGに入社。BCG組織・人材グループの日本リーダー。同金融グループ、保険グループ、および、テクノロジーアドバンテッジグループのコアメンバー。銀行、証券、保険、ノンバンク等、幅広い分野の金融機関に対し、デジタル戦略策定・実行支援、営業改革、人材マネジメント、オペレーション改革、リスクマネジメント等、さまざまなテーマのプロジェクトを数多く手がけている。

陳　昭蓉（ちん　しょうよう）

BCGマネージング・ディレクター&パートナー。台湾師範大学理学部数学学科卒業。東京工業大学経営工学専攻博士課程修了（Ph.D）。台湾松下電器、BCGプラハ・オフィスを経て現在に至る。BCG金融グループの日本リーダー。同保険グループ、コーポレートファイナンス&ストラテジーグループ、マーケティング・営業・プライシング・グループ、およびオペレーショングループのコアメンバー。主に銀行、保険業界に対する、デジタル改革推進、新規事業戦略、M&A／アライアンス支援などの経験が豊富。

栗原　勝芳（くりはら　かつよし）

BCGマネージング・ディレクター&パートナー。東京大学経済学部卒業。株式会社大和証券グループ本社、欧州系戦略コンサルティングファームを経て、現在に至る。BCGコーポレートファイナンス&ストラテジーグループの日本共同リーダー。同金融グループ、保険グループのコアメンバー。銀行、保険、証券など金融機関を中心に、新規事業戦略、事業再生、M&A／アライアンス支援、オペレーション改革など、幅広いテーマのプロジェクトを数多く手がけている。

山形　佳史（やまがた　よしふみ）

BCGパートナー。一橋大学商学部卒業。ロンドン・ビジネス・スクール経営学修士（MBA）。日本アイ・ビー・エム株式会社を経て現在に至る。BCG保険グループ、テクノロジーアドバンテッジグループのコアメンバー。金融、保険、通信、インターネットビジネスなど幅広い業界に対し、事業戦略、デジタル戦略、データアナリティクス／AI、アジャイル手法を用いた企業変革など幅広い支援を行っている。

小林　建治（こばやし　けんじ）

元BCGプリンシパル。東京大学文学部社会学科卒業。ウィスコンシン大学マディソン校B.A. Economics。INSEAD経営学修士（MBA）。野村證券株式会社、米系コンサルティング会社を経て現在に至る。BCG金融グループ、保険グループ、グローバル化戦略グループのコアメンバー。保険、証券、銀行など金融機関を中心に、新規事業戦略、営業、業務改革、M&A／事業アライアンス支援など数多くのプロジェクトを手がけた。

本間　信夫（ほんま　のぶお）

元BCGプリンシパル。慶應義塾大学理工学部卒業。株式会社電通コンサルティングを経てBCGに入社。在職中はBCG保険グループ、金融グループのコアメンバーとして、保険、銀行、ヘルスケア、広告をはじめとする幅広い業種の企業に対する、事業戦略、マーケティング戦略、営業戦略、新規事業開発、アライアンス開拓、人事・組織改革、組織横断的なプロジェクトの推進など、さまざまなテーマのコンサルティングを手がけた。

五味　廣文（ごみ　ひろふみ）

BCGシニア・アドバイザー。東京大学法学部卒業。ハーバード大学ロースクール卒業（LL.M.）。大蔵省（現財務省）入省。金融庁検査部長・局長、監督局長、金融庁長官を歴任後、西村あさひ法律事務所顧問などを経て現在に至る。

ボストン コンサルティング グループ（BCG）保険グループ

　BCGは、ビジネスや社会のリーダーとともに戦略課題の解決や成長機会の実現に取り組んでいます。BCGは1963年に戦略コンサルティングのパイオニアとして創設されました。今日私たちは、クライアントとの緊密な協働を通じてすべてのステークホルダーに利益をもたらすことをめざす変革アプローチにより、組織力の向上、持続的な競争優位性構築、社会への貢献を後押ししています。

　BCGのグローバルで多様性に富むチームは、産業や経営トピックに関する深い専門知識と、現状を問い直し企業変革を促進するためのさまざまな洞察を基にクライアントを支援しています。最先端のマネジメントコンサルティング、テクノロジーとデザイン、デジタルベンチャーなどの機能によりソリューションを提供します。経営トップから現場に至るまで、BCGならではの協働を通じ、組織に大きなインパクトを生み出すとともにより良き社会をつくるお手伝いをしています。

　日本では、1966年に世界第2の拠点として東京に、2003年に名古屋、2020年には大阪、京都にオフィスを設立しました。

　保険グループでは、国や地域を横断した保険業界のエキスパートチームによる業界特化の調査研究・専門知識の共有を行い、幅広いテーマで世界各地の保険企業を支援しています。

https://www.bcg.com/ja-jp/default.aspx

デジタル革命時代における保険会社経営

2018年4月4日　第1刷発行
2021年9月2日　第5刷発行

　　　　著　者　ボストン コンサルティング グループ
　　　　　　　　保険グループ
　　　　発行者　加　藤　一　浩
　　　　印刷所　奥村印刷株式会社

〒160-8520　東京都新宿区南元町19
　発　行　所　一般社団法人 金融財政事情研究会
　企画・制作・販売　株式会社きんざい
　　　出版部　TEL 03(3355)2251　FAX 03(3357)7416
　　　販売受付　TEL 03(3358)2891　FAX 03(3358)0037
　　　　　　　URL https://www.kinzai.jp/

・本書の内容の一部あるいは全部を無断で複写・複製・転訳載すること、および磁気または光記録媒体、コンピュータネットワーク上等へ入力することは、法律で認められた場合を除き、著作者および出版社の権利の侵害となります。
・落丁・乱丁本はお取替えいたします。定価はカバーに表示してあります。

ISBN978-4-322-13248-9